会整理的孩子不拖延

提升孩子学习力的收纳课

刘楠 著

U0347286

机械工业出版社

CHINA MACHINE PRESS

这是一本帮助父母指导孩子从小学会整理收纳，杜绝拖延的工具书。

在现实生活中，一部分成年人对自己的人生状态不满，而又无力改变的症结在于拖延。所以当为人父母后，有强烈的培养孩子整理和收纳习惯的需求，让孩子从小学会整理个人物品、管理时间、取舍判断。这有助于培养儿童的行动力、独立性、判断力和创造力。

作者根据亲自探访美国北卡罗来纳州、加州等地的整理收纳成果，结合自己多年教学和培养孩子整理习惯的实践经验，分享了一整套教会孩子整理收纳的有效方法和落地方案。

全书以亲子整理训练适龄时间表开篇，按成长阶段、训练科目、指导意义制订训练计划，每项训练包含方法、实操、游戏环节，寓教于乐。结合我国传统文化智慧、家居空间布局，给出提升孩子学习力的环境优化方案。本书适合想要帮助孩子养成不拖延的习惯，提升孩子学习力的家长阅读。

图书在版编目（CIP）数据

会整理的孩子不拖延：提升孩子学习力的收纳课 / 刘楠著. — 北京：机械工业出版社，2022.8
ISBN 978-7-111-71032-5

Ⅰ.①会… Ⅱ.①刘… Ⅲ.①自我管理–儿童教育 Ⅳ.①C912.1

中国版本图书馆CIP数据核字（2022）第111479号

机械工业出版社（北京市百万庄大街22号 邮政编码100037）
策划编辑：王淑花 丁 悦 责任编辑：王淑花 丁 悦
责任校对：史静怡 王 延 责任印制：常天培
北京宝隆世纪印刷有限公司印刷

2022年9月第1版第1次印刷
140mm×180mm·6.375印张·96千字
标准书号：ISBN 978-7-111-71032-5
定价：59.80元

电话服务 网络服务
客服电话：010-88361066 机 工 官 网：www.cmpbook.com
　　　　　010-88379833 机 工 官 博：weibo.com/cmp1952
　　　　　010-68326294 金 书 网：www.golden-book.com
封底无防伪标均为盗版 机工教育服务网：www.cmpedu.com

序一　收纳是一种能力

　　收纳能力是青少年应对未来可持续发展的关键之一，是走入社会的核心竞争力的外在体现。整理是一种思维，收纳是一种呈现方式，每当看着整洁干净的家，满满的成就感与幸福感就会油然而生。正如英国作家塞缪尔·约翰生曾说："在家中享受幸福，是一切抱负的最终目的。"

　　我认识刘楠是在中国月嫂节上，当时的刘楠在收纳领域已经小有建树。她是南山深圳职业培训学校整理收纳的老师，她主持的整理收纳培训班，培训了百余名线下整理师，服务了一百多户深圳乃至大湾区家庭，抖音平台积累 40 多万个粉丝，线上帮助众多宝妈、家庭主妇成为整理师。

　　收纳的重要性不言而喻，收纳包含"收"与"纳"，是好好将物品收容、存纳的方法，也是令物品在空间中遵循一种合理秩序的手段。一味追求"断、舍、离"并非正确之道，合理的收纳才是生活的真实模样。

刘楠善于收纳与她的经历密切相关。刘楠是深圳易理家整理收纳公司的创始人，籍贯辽宁鞍山的她毕业于北京电影学院美术系，在北京香格里拉集团旗下的中国大饭店服务培训岗位工作了将近十年。2017 年，她随先生举家前往美国做访问学者，期间在先生导师举办的学者家属聚会中结识了世界最早的整理收纳师协会 NAPO 创始人的后代，由此结缘整理收纳职业。在美期间，他们跟随美国整理师入户服务，体会了美式整理的服务标准、理念、方式。

2018 年年末结束访学工作回国，刘楠夫妇经伯乐指点来深圳创业，开始在月嫂、家政服务员群体中推广整理收纳公益培训，易理家是较早把系统的整理收纳课程带进义务教育课堂的机构，受到广大师生及家长欢迎。

收纳并非一件容易的事情，如果没掌握正确的收纳方法，即使满屋是柜子，收纳问题也得不到彻底解决。作者通过深入分析孩子的心理为家长制定引导方法，结合游戏、鼓励表扬等教学方式，一步一步地将孩子带入整理收纳的世界。从训练注意事项、方法、游戏等方面，指导家长引导孩子开展规划能力和想象力的训练。通过列举真实案例、分析训练原理以及教授具体训练步骤，指导家长正确引导孩子提升自理能力、整理能力，从而掌握与整理学习环境相关的收纳能力；指导家长帮助孩子完善自身生活技能及管理生活的能力，从而掌握与基础生活能力相关的收纳能力。最后，帮助孩子在已学到的收纳技能的基础上，学习如何取舍物品、制定标准，进而提升收纳美学素养和权衡能力；学习如何进行时间管理、提升学习效率，进而在思想上和行动上做到自我管理。

养成整理收纳的良好习惯，对一个人的终身幸福至关重要。在有限的空间里，让每处空间都得到高效利用、明确分区，做到"有序"最大化，才能让我们更好地享受生活。

本书着重讲述了青少年收纳能力的培养意义与方法，对青少年身心成长极具积极影响，在此推荐给青少年读者及其家长阅读。

陈 挺

中国家庭服务业协会副会长

广东省家庭服务业协会会长

2022 年 4 月 23 日

序二 教育有多远，收纳就能走多远

我从事基础教育工作三十多年了。这三十多年间，基础教育领域发生了很大的变化，而当下正是基础教育改革进入深水区的阶段，其中的"双减"政策以其大格局、大思维、大逻辑深刻地影响着基础教育的发展。在这个阶段，作为教育工作者要做点儿有价值、有意义的事，需要宽广的视野和一定的探索精神。我跟刘老师夫妇结缘是因为收纳的事儿。当时我想尝试让收纳走进校园，而刘老师夫妇正是收纳专家，我们的交流很投缘，很快我们校园的收纳特色实验课程启动了。开课时间不长，但我从教育教学实践的细节中感受到刘老师夫妇对收纳事业的挚爱与用心，以忘我的状态演绎着创新的含义。

昨天刘老师发来了书稿，要我为这本书写点文字。认真拜读文稿后，我认为这是一本很有教育价值和生活实践意义的好书。

正如刘老师所言，这本书不只是一本整理收纳的技术手册。该书旨在让家长了解孩子能够从小自立，养成整理习惯，根本上不在于教他怎样的技巧，而在于家长是否懂得运用技巧，开发孩子的想象力、行动力、执行力、观察力、辨别力、思维力、专注力。通过游戏寓教于乐，培养孩子的规划能力、整理实践能力、自律保持能力。孩子从幼儿到少年，再到青春期，最后离家独立，再回归原生家庭，用自己的整理收纳能力，回馈亲情，圆融人生。这套分步骤的训练课程，完成的是一个不拖延，有行动，能自理，会整理的人的教育培养流程。

这套收纳课不是你买来交给孩子就完成了，而是需要亲子共同学习，共同完成每一步实践。这样才能够切实有效地帮到孩子成长，优化亲子关系，弥补家长本人的整理收纳认知缺失。

这本书已经远远超越了普通收纳书的意义。当收纳与教育美好地相遇，其义深远非凡。我以为收纳为孩子良好习惯的养成教育提供了一个绝佳的支点。在人类文明史上，自古就有"习惯养成"的教育主张。《尚书·太甲上》记载，"兹乃不义，习与性成。"习惯决定性格，一个人的行为习惯怎样，就会形成怎样的性格。孔子指出："性相近也，习相远也。"人的天性本来是相近的，只是因为后天养成的习惯不同而使人与人产生很大的差异。《大戴礼记·保傅》引语："少成若性，习贯之为常。"一个人年少时养成的好习惯会像他的天性一样，成为其生命中自然而然的事。古希腊思想家亚里士多德、英国教育家洛克、美国教育家杜威等对此也都有重要的论述。我国著名教育家叶圣陶在其一生的教育改革探索中，创造性地转化并发展了比较完整的"养成良好习惯"的现代教育思想。然而好习惯养成何以这样难？个中原因很复杂，但收纳是一个很好的养成途径。

前天我读到了《经济日报》上的一篇文章，《整理收纳师能走多远　行业培训尚需规范》谈到近几年，大量消费新需求催生了不少新职业——整理收纳师就是其中之一。这个伴随消费者对居家环境更高品质追求应运而生的新职业，为何会从小众走进大众视野？是昙花一现还是能长久发展？在业内人士看来，整理收纳服务是一项"技能＋知识"的复合型工作，对从业者的综合素质要求较高。让杂乱无章变得井井有条，并在一定程度上提升空间美感，并非叠叠衣服、扫扫地那么简单的工作，还涉及空间规划、设计甚至改造，对物品进行再次摆放，非常考验从业者的审美水平。

今天，读了刘老师的文稿，我想，收纳与教育牵手：教育有多远，收纳就能走多远。

华南师范大学附属平湖学校　罗志远　校长

于天鹅湖畔

前　言

青少年收纳力培养的意义和重点究竟是什么

哈佛大学曾经对 400 余个孩子进行了一项长达 20 年的跟踪调查，结果显示：从小经常帮助家长做家务的孩子与不做家务的孩子相比，高收入者多出 20%，失业率比是 1:15，犯罪率比是 1:10。与从小不干家务的孩子相比，做家务的孩子人生更美满，性格更阳光，心理疾病患病率更低。

心理学方面的研究表明，80% 的成年人对人生状态不满意而又无力改变的原因在于有程度不同的拖延症。孩子从小养成积极参与家务的习惯，不仅能够获得较强的生活能力，也对将来的职场成就、赚钱能力、身体健康状况、家庭幸福带来积极影响。因此，让孩子先学会自理，再尽可能多地参与日常劳动、家务整理工作，他将逐渐成长为一个健康、自律、果敢、阳光的人。

童年是否经常参与家务，往往造就截然不同的性格、习惯、动手能力，而这些与成年后的生活境遇、事业发展、人生幸福都有关系。

小时候较多参与家务劳动的人，成年后更容易在事业、家庭经营等方面取得成功

　　现代著名学者林语堂曾对"幸福人生"进行了精辟的概括，无非四件事：一是睡在自家床上；二是吃父母做的饭菜；三是听爱人讲情话；四是跟孩子做游戏。你看，在大师眼中，幸福居然与读过多少书、赚了多少钱、当了多大官、去过哪里、名声是否远扬并无绝对联系，反而与身处环境是否安稳舒适、世代传承的劳动技能以

及爱与童真有关。这样看来，三四岁会不会自己系扣子、几岁开始
会做饭洗碗并因此受到表扬、外出上学时宿舍安装个书架自己能不
能搞定、成年之后家中环境是不是让你愿意待、衣橱里想要的那件
衣服是不是伸手即得……这些真实生活中触手可及的事情便不再是
微不足道的小事。

近年流行的"大数据"显示，孩子在参与家务、学会管理自己
物品的过程中，得到的锻炼，一点儿不比课堂上少。

既然从学自理到干家务，进而掌握整理收纳技能，养成终生整
理收纳的良好习惯如此重要，那么家长需要的，就是一整套已经被
验证有效，并且适合当代中国家庭的系统方法。这里提供的，是一
套尊重成长规律、循序渐进实施的整理收纳习惯养成攻略。在学习
过程中，父母可以和孩子一起体会共同成长的乐趣。

如何学习这本书的知识，才能收获最大

家长如果只采取单纯地命令孩子学习的模式，那对孩子来说，
家长输出的几乎是无效讯息。因此，这套收纳课不是你买来交给孩子，
也不是你买来教给孩子，而是需要亲子共同学习，共同完成每一步
实践。这样才能够切实有效地帮孩子成长，优化亲子关系，弥补家
长本人的整理收纳认知缺失。

如果身为父母的你愿意照做，那么恭喜你。你正走在一条被前人印证有效，并帮助无数成功人士童年优秀品格塑造的道路上。

意大利教育家蒙台梭利博士研发的蒙台梭利教育法帮助过全球千万个家庭，很多我们耳熟能详的伟大人物，童年时代就生活在运用这套方法，并在家务劳动、整理收纳中不断实践、反思进步的环境当中。

遵循成长规律的收纳训练计划

亲子整理训练要尊重孩子的成长规律，其适龄时间见下表。

让我们一起看看从幼儿到成人，每一个阶段，我们要着重培养孩子哪些方面的劳动、整理习惯。

婴幼期（0~3岁）

（1）阶段特点：亲子"连体"，孩子几乎每时每刻都"赖"在妈妈身边。

（2）训练目标：

① 培养亲子强信任关系，首先让孩子感受到爱与安全。

② 分阶段逐步树立幼儿的"领地意识"，培养归属感。

③ 在亲子交流过程中初步建立整理规则。

亲子整理训练适龄时间表

年龄	生理发育阶段特点	训练目标	训练方法
婴幼期 （0～3岁）	每时每刻都"赖"在妈妈身边	培养亲子强信任关系 树立幼儿的"领地意识" 初步建立整理规则	母亲心情愉悦 逐步划分地盘 和善坚定规则
上幼儿园 （3～6岁）	初步独自玩耍 社交需求增加 专属空间意识萌芽	区分时段：亲子、独处、社交 建立物品分类意识 养成定时整理习惯	父母适度放手 建立共享区里的儿童专属区 简单物品分类
上小学后 （6～9岁）	活动半径增加 自主空间需求增强	家中设儿童立空间 明确独立空间规则	在安心距离内陪伴成长 制定明确的规则
小学高年级 （10～12岁）	儿童向少年过渡发展阶段自我认知逐渐清晰	学会合适的为方式 培养参与意识、责任感、完善人格	心理上把孩子当作成人 允许隐私权 空间自治强化规则意识
青春期到孩子离家	走向社会	学会自我管理 完善生存技能	家校共建 亲子陪伴共同学习成长

上幼儿园（3 ~ 6 岁）

（1）阶段特点：孩子已经可以一个人玩，或者跟小伙伴玩了。对母亲的依赖降低，对家庭内、朋友圈内社交需求提升，"专属区域"需求增强。

（2）训练目标：

① 满足孩子对交往的渴求，分清"亲子时间"与"社交时间"的差异。

② 在空间上满足"专属区域"的要求，制定专属区域内的行动准则。

③ 建立物品分类意识。

④ 养成定时整理习惯。

上小学后（6 ~ 9 岁）

（1）阶段特点：孩子上小学了！这是人生的里程碑。

从孩童到小学生，孩子可以支配的时间、希望拥有的空间都发生了变化。这个阶段，孩子的社交圈逐渐从家庭、幼儿园扩大到更为广阔的"小社会"：学校、兴趣班，寒暑假出游路途中遇到的伙伴……孩子眼里的世界在不断扩大，而这一刻，在家里给他一个"自己的空间"，让他在充满安全感的地方出发，当疲劳、需要安全感的时候再回来"充电"。这对孩子来说，是个非常好的礼物。

（2）训练目标：

① 在孩子熟悉的地方，设置相对独立的空间，让孩子在"自己的领地"练手。

② 制定明确的独立空间规则。

小学高年级（10 ~ 12 岁）

（1）阶段特点：10 岁左右，是儿童阶段向少年阶段成长发展的重要分界线。这个时期，孩子的自我认知逐渐清晰，开始向有"小烦恼""小秘密"的少年时期迈进。小学高年级到初中这个阶段，"我究竟是谁？将来的我究竟是什么样子？……"这些疑问不时萦绕在孩子的脑海中。此时，让孩子完善自我意识，懂得作为社会人是什么样子的，是非常重要的。

（2）训练目标：

① 让孩子学会礼貌的让周围人感到舒服的生活方式，明白在"私人空间"和"公共空间"的行为尺度。

② 定规矩，培养孩子对家庭共同事务的参与意识、责任感。

③ 建立自信、自然、自由的完善人格。

少儿阶段家务能力进阶培养具体内容见下表。

少儿阶段家务能力进阶培养表

具体事项 / 年龄段	3~4 岁	4~6 岁	6~7 岁	7~9 岁	9~12 岁
1	独立刷牙	自己穿衣服	自己整理穿戴	上学前整理好书包和穿戴	写采购清单
2	学习叠衣服、铺床	准备第二天要穿的衣服	把要洗和要穿的衣服整理好	在帮助下做简单的早饭	准备菜单
3	选择要穿的衣服	用完的毛巾、牙刷放整齐	独自准备好上学要用的物品	学习使用电饭煲煮饭	会煮饭和做简单的菜
4	收拾玩具	自己收拾书包	在指导下把衣服收到衣柜里	学习洗碗	把衣服分类放进洗衣机清洗
5	学习摆桌子	饭前摆好碗筷	整理书包	会使用微波炉	把衣服收到衣柜里
6	丢垃圾	饭后收拾餐桌	每周打扫一次房间	收拾自己的房间	保持自己的卧室整洁
7	学习擦灰	擦桌子	丢垃圾并学习垃圾分类	会用吸尘器吸尘	会叠衣服
8		按颜色把要洗的衣服分类	摆桌子和椅子		帮助妈妈进行大扫除
9		在帮助下洗小手帕、内裤	饭后收拾碗筷、并放入水池		和爸妈一起做出行计划
10		学习清洗瓜果、蔬菜			

青春期到孩子离家

在现代社会里，逐渐长大，离开家，外出求学、工作、结婚、组建新的家庭、哺育下一代……这几乎是每个孩子必然经历的生命历程。父母应该很早就意识到，家里孩子的房间，不是他永久的港湾，而是他步入社会前的一个实践基地、一个开拓自己崭新人生的起点。所以，孩子越大，距离离家之日就越近。时间管理、自我管理、行程管理这些必备技能都是孩子的必修课。

为人父母，要懂得逐渐退出：退出孩子的空间，退出孩子的社交圈，最后退出孩子的人生，目送他们走远。

目录

第一课  001

少年儿童学习整理收纳
与成年人有哪些不同

成年人做整理收纳，需要具备取舍、
布局、分类、定位、协作的能力。
而这些，恰恰是习惯拖延，性格犹
豫的人普遍存在的短板。

对于孩子，学习整理的思维逻辑完
全不同，他们最初判断一件事要不
要做的标准只有一个：好玩儿、不
好玩儿。用对待大人的方法教孩子，
会导致他们产生抵触情绪。

第六课 067

果断取舍、不断发展的动力是思维力和决断力

有质量的空间在于对物品的取舍；有态度的生活在于对事物的判断；有品质的人生在于对时间的管理。面对大量的物品、信息，以及繁华世界，能否有效管理、判断、取舍，考验的是一个人的思维力和决断力。

第七课 085

建立人、物、空间新秩序的关键是专注力和动手能力

有些人天生收纳能力就强一些，这和他的"空间感、位置感"比较好有关系。此外，能否持续投入精力，最终达到预期效果，这非常考验一个人的专注力以及动手解决问题的能力。

成年人与孩子做整理思维完全不同

第一课

少年儿童学习整理收纳
与成年人有哪些不同

成年人做整理收纳，需要具备取舍、布局、分类、定位、协作的能力。而这些，恰恰是习惯拖延，性格犹豫的人普遍存在的短板。

对于孩子，学习整理的思维逻辑完全不同，他们最初判断一件事要不要做的标准只有一个：好玩儿、不好玩儿。用对待大人的方法教孩子，会导致他们产生抵触情绪。

在现实生活中,一般5岁儿童被动认知事物(非自主产生兴趣)的专注时间不会超过5分钟。能否抓住这个黄金时段,把孩子的被动认知转化成自主自发的兴趣,这往往是学习引导成功与否的关键。要想抓住孩子最初对新鲜事物的好奇心,激发其不断探索未知、探索自己行动可能性的欲望,家长就要先做到以下几点:

(1)先把自己的卧室(专属区域)整理好,让孩子看到榜样。

(2)选择容易整理、小行动能够带来大改变的项目,让孩子看到成果。

(3)整理工作游戏化,让孩子乐在其中。

(4)重过程、轻结果,让孩子自发探索。

(5)带着孩子一起做,让孩子感受陪伴。

(6)给孩子充分的自主,不断肯定,在把握大方向的前提下,让孩子感受到鼓励和被认可。

儿童行为学专家相关测试表明,从儿童到成年的过程中,专注时长逐渐增加。

儿童与成年人专注时间的区别如下：

（1）5～6 岁：注意力集中时间极限为 15 分钟。

（2）6～10 岁：注意力集中时间极限为 20 分钟。

（3）10～12 岁：注意力集中时间极限为 30 分钟。

（4）12 岁以上：注意力集中时间达 30 分钟以上。

该时间特指孩子从事主动专注的工作时间，而不是他们玩喜欢的游戏或看动画片这类因被吸引的被动专注时间。整理收纳这件事，需要主动专注。整理好的成果能给人身心愉悦的感受，人们会被这种整齐、有序吸引。对多数孩子来说，对整理收纳的兴趣源自新鲜感，一些成年人能够感受到的"治愈感"，是孩子长大一些才能感受得到的。

情景

在最近一期整理师培训线下课上，有个学员行动力特别强。她是那种骨子里喜欢整洁有序的人，但是多年来一直不得要领，早期整理实践效果不好。后来有了孩子，她逐渐对居室杂乱妥协了。

在课堂上，她显得特别兴奋，很爱动手实操，学习非常认真、努力。两天课程下来，第三天一早，她就迫切地向我展示，她按课上讲的技法，把自己家的衣柜、客厅、卧室整理得非常整齐的照片。

她说美中不足的是，想带着6岁的儿子一起做整理，无论怎么恩威并施，儿子就是不买账。她有些着急，因为自己从小没学过整理，如今知道了整理收纳的众多好处，自然希望孩子也能够体会到这些好处，从小成为整理达人。然而，所有努力在孩子那里都没有效果。

于是我问她："你是怎么引导孩子和你一起做整理的呢？"

她说："老师您怎么教我，我就怎么教孩子的。咱们课上的方法我亲身验证了，衣橱整理一步步地按照清（清空）、分（分类）、筛（筛选）、收（收纳）的程序，非常有效。我以前收拾房间毫无头绪，这回用这种方法收拾得很好，才想让我儿子和我一起收拾他的房间。但是……"

"他做第一步'清空'时挺起劲儿，和我一起把他的衣柜彻底来了个'乾坤大挪移'。往外掏衣服的时候他还特别高兴，可是没过多久，我让他分类。面对满地的衣服，他突然失去了兴趣，怎么也不肯听我的话，自己跑去客厅玩再也不肯回来。最后我没

不是说好了和我一起收拾衣柜吗？刚清出来怎么就跑啦？

孩子整理一会儿就跑开了，这是很多"心血来潮打算教孩子收纳"的家长会遇到的情况

办法，只能变成自己收拾烂摊子……"

针对这位学员的亲子整理初尝试失败案例，我给出以下建议：

训练方法 先不急着带他做，先做好自己的区域（成年人专属区域）。

注意事项 现代亲子教育最大的敌人是家长的言行不一致。在蒙台梭利儿童行为学研究体系中，我们了解到，儿童认知世界，学习的第一对象是家长，所以不要要求孩子做任何家长自己都做不到的事。

情景

自己每天回家就倒在床上刷手机，却要求孩子多读书；自己晚睡晚起，拖延，不守时，却要求孩子早睡早起，抓紧时间做作业；自己每天应酬不断，从不锻炼，却要求孩子跑步、跳绳；自己穿着邋遢随意，东西乱丢乱放，却要求孩子养成整理习惯，做好收纳……

所以，要孩子养成好的习惯，家长请率先垂范。

训练方法 让孩子以最小行动成本快速拿到结果。

上面提到的学员把课堂上学到的"清、分、筛、收"直接套用到亲子整理实践中。在清空衣柜的过程中进展顺利，孩子最初对整理的热情建立在新鲜感上，与妈妈一起做一件类似"推倒、破坏"的事情。

注意事项 对于孩子最初的这一种好奇心，家长要尽可能地加以引导和保护。

情景

带着孩子耐心整理了一段时间，孩子的新鲜感消退，他发觉"分类"需要开动脑筋，在一大堆纷乱的衣服当中按自己的标准进行分类并不容易。这时，家长没有给出合理的引导和激发，导致孩子原本模糊的整理动机，因为看不到任何成果，甚至"越整越乱"而直接跑开。

训练方法　整理收纳游戏化。

注意事项　把整理工作变为参与感强的游戏是有效的手段，本书后面的章节会介绍很多把整理收纳工作"藏在里面"的游戏。

情景

在蒙台梭利小教室的实践中，教育学家发现在完全没有外人干涉（老师仅做安全保卫）的教室环境里，十几个 4 ~ 6 岁的孩子很快"各司其职"做着自己感兴趣的事情，完全形成了一个缩小版的社会生态：

两个小女孩非常认真地为鲜花搭建"花房"；男孩子开着车一家一户地为"灾区"的居民送水（其实是骑在一个大布袋上靠腿移动，到教室各个角落与同学们搭话……当年，意大利当地暴发了洪灾，饮用水被污染）；也有孩子专注在某本书，或反复在两个瓶子之间倒水并乐在其中。实验表明，只有对自发感兴趣的事物，孩子才能够专注较长的时间。

训练方法　享受过程，看轻结果。

注意事项　对于孩子来说，一次长达几小时的整理，在精力、体力、专注力上都是一次很大的挑战，所以一开始，家长完全没必要强求，甚至没必要一上来就要求孩子和自己一起做整理。只要孩子感兴趣，最好能够和孩子一起做游戏。如果在过程中达到了激发孩子兴趣，发现各种可能性的目的，那么结果就很完美。

情景

在成年人的世界里，如果一个人能把兴趣爱好做成事业，并一直坚持，那么对他来说，无疑是幸运的。对儿童来说，练习整理收纳的过程恰恰是发现自己兴趣所在的难得机会。孩子在轻松、不受干扰的环境下，可以最大限度地发挥自身的潜能。在成年人眼里目的性明确的整理收纳，对孩子来说更应该是一次游戏。在这个游戏里，家长最好以玩伴、建议者的身份出现，至于整理收纳的过程，最好是孩子能够和家长一起做到善始善终，完成整个整理收纳过程。

训练方法　陪伴第一，整理第二。

注意事项　很多时候，孩子对整理收纳的理解与成年人不同。

情景

孩子在做物品分类时，往往不是按成年人的分类逻辑（颜色、物主、新旧、材质……）进行的，而是单纯以"这件玩具要和隔壁邻居小新一起玩儿""那条裙子是我为了见'闺蜜'特别准备的"……等自己的逻辑进行的。很多时候，成年人只有蹲下来，才能更好地倾听孩子的想法，从孩子的角度理解这个世界。

训练方法　努力找理由，一有机会就表扬。

注意事项　在引导的过程中，家长应该尽量通过提问让孩子自己说出答案，通过第一时间对"可取答案"的肯定，激发孩子继续表达的欲望。家长只需要在大方向上给出建议性引导，提出开放性问题，不用替孩子做决定。尽可能做到解决方案让孩子自己说出来，这样的方案，孩子执行起来最起劲儿。

情景

在筛选过程中，家长需要做的是引导孩子理解现状（例如玩具太多，很多不常用；衣服箱、玩具箱空间有限；真正喜欢的衣

孩子们做分类，往往遵循内心的想法，有时会让大人感觉完全"无厘头"

奖励一朵小红花：面对孩子的进步，家长一有机会就要大力表扬

服和想玩的玩具找起来很费劲儿），以及让孩子预知如果不做出改变，将来可能会出现的后果（房间里越来越拥挤，能够供玩耍的地方越来越小）。

　　训练方法　具体实施时，家长可以设置任务模块、奖励办法、完成时间……亲子比赛（家有二孩的可以两个孩子进行比赛，或者约孩子的同龄朋友来家里一起做整理游戏）。

　　注意事项　家长尽量不要"描述后果"，而应该激发孩子自己来"想象后果"。多用"你想如果……会怎样"这样的句式。少说"这个柜子塞满了，再也不给你买玩具了"这类对发展少儿想象力毫无营养的话。

引导孩子想象房间被衣物塞满：引导孩子想象衣物不整理收纳，最终房间被塞满，无处容身的场景

第二课

借学习整理收纳的契机
重新了解你的孩子

研究表明，大脑的思考运作模式分为两种：左脑模式
和右脑模式。人获取讯息，思考，再以自己的方式输
出表达，无一例外都在采取"左、右"这两种模式，
但个体差异会偏向其中一种。

在训练前重新了解孩子的思考模式，是非常重要的。

你真的了解自己的孩子吗？

你可能知道自己的孩子习惯用左手还是右手，但你不一定清楚孩子习惯用哪一边的脑。

真正了解孩子，要从生理上、心理上、行动方式上等多个方面进行。因材施教的前提是了解孩子的基本状况，要了解孩子，家长首先要了解自己。例如，一个左右脑思考类型的家长，带领一个左左脑思考类型的孩子做整理训练，与一个左左脑思考类型的家长，带领一个左左脑思考类型的孩子做整理训练，从过程到结果是完全不一样的状态。

惯用脑测试方法

惯用脑和惯用手一样，在我们思考和行动的时候，不假思索地做出动作，它能流露出我们的生理习惯的"行动密码"。

左左脑：即左脑输入
信息，左脑输出信息

图中的人是左左脑，即
左脑输入和输出信息

惯用脑测试一般分两步：

第一步，左右手交叉自然握手，看一下，是哪一只手自然地把大拇指放在了最上面。如果是右手大拇指在上，就表示习惯用左脑获取信息。如果是左手大拇指在上，就表示习惯用右脑获取信息。

第二步，两手自然抱胸，此刻看一看，是哪只手肘在上。如果是右手肘在上，就表示习惯用左脑输出信息。如果是左手肘在上，就表示习惯用右脑输出信息。

接下来，我们通过排列组合，得到了 4 种惯用的脑型，即左输入左输出（左左脑）、左输入右输出（左右脑）、右输入右输出（右右脑）、右输入左输出（右左脑）。

不同脑型的心理特征，行为特点和收纳习惯

（1）左左脑

心理特征　风险意识很强，凡事求稳，做每一个决定都非常慎重。

行为特点　接到一个任务，如果此前有完成的习惯成熟路径，他们会非常高兴地采取既定的方法完成任务。此类人一般偏向理性思考，对工具的价值判断，首先会考虑功能性与合理性。对于左左脑型的人来说，结果或许不如过程那么容易引起他们关注。他们一般比较擅长处理数字、公式、公文类等。

他们对细节、细微的感受非常敏感。

收纳习惯　具体到整理收纳工作方面，这类人非常喜欢整齐划一，如果从表面看不到某种物品，他们会非常高兴。他们喜欢外表非常简单、统一的收纳工具，对花哨但不实用的物品嗤之以鼻。如果一件物品使用频率较低，他们会很快发现，以后会减少对这类物品的购买量。此类人往往喜欢给物品贴上标签说明，感觉这样非常方便自己寻找。如果在房间内给他们一处没有具体区域划分的自由空间，那么对他们来说比较麻烦，他们很可能陷入

茫然，不清楚究竟该如何利用这样一处空间。在对物品进行取舍时，左左脑型的人一般看重的是物品的功能性、合理性。

（2）右右脑

心理特征　擅长同时处理多项事务，应对情况变化能力强，能够随机应变。

左左脑型、谨慎的妈妈，带着一个右右脑型、精力充沛的孩子做事，事情的发展往往令妈妈不知所措

大局观强，整体感强。情感充沛、丰富，喜欢表现自己，容易感情用事。对图片、绘画、音乐、诗歌等艺术类信息敏感。

行为特点 做事喜欢从兴趣出发，不感兴趣的事不愿意做。重视自觉、情感，对逻辑、合理、惯例等并不敏感。

收纳习惯 具体到整理收纳工作方面，右右脑型的人可以就一个空间来设定物品的陈列位置。如果物品分类比较细，他们会认为这样是浪费时间，容易出现随手丢东西、取用时找不到的情况，精细的摆放对他们来说是不太好办的事儿。用过的东西放回原处对他们来说比较难。

在收纳用品选择方面，如果一件物品比较有美感，使用又非常简单、直接，他们会认为这是理想的收纳用品。

（3）左右脑

心理特征 这是典型的有混合类用脑习惯的人群。在处理事务时，左右脑型的人需要有规则章程或路径依据，但在具体行动时往往感觉才是他们最倚重的。

行为特点 在判断事物、做取舍时，非常容易有矛盾心理，经常陷入左右为难的困境。

付费课程、有步骤、有周期的教材对左右脑的人有吸引力，

左右脑：听过很多道理，依然过不好这一生……

但购买此类产品后，左右脑型的人却往往不会按规定步骤去做，最终会根据自己的实际情况调整做法。

此类人一般都有比较完整的世界观，鄙视抄袭，崇尚原创。

收纳习惯　具体到整理收纳工作方面，左右脑型的人一般都对"如何收纳、收纳实现的效果、需要多少时间进行收纳"这类问题有自己的理解。对他们来说，物品的陈列不是一成不变的，每隔一段时间，左右脑的人大多会对家中物品进行一次调整。对收纳工具和家装的样式，他们也是比较喜新厌旧。新鲜感对他们来说比较重要，所以他们经常换收纳工具。有些东西，一段时间看不到，就可能被左右脑型的人遗忘，打入"日常用品冷宫"。所以，这类人比较适合在开放的收纳空间做事，颜色、有形象的标签是他们乐于接受的分类方式。

（4）右左脑

心理特征　这是非常有主见的类型，对周围事物往往追求完美。这类人比较难接受别人的意见，甚至很顽固，有时候会显得不可理喻。

行为特点　右左脑型的人动手做事的能力是几个惯用脑类型当中最强的，但他们往往主动屏蔽自己根本不擅长的事物。同时，他们也容易被"全新上市、限量销售"之类的商业噱头吸引。

收纳习惯　具体到整理收纳工作方面，右左脑型的人会强调合理性，但对他们来说，"感觉对"也很重要。收纳用品的功能性是第一位的，他们不喜欢人为刻意地"藏"东西。"看得见"会让他们感到舒服、安全。这种人一般"脑子里有地图"，空间构建能力、把握能力都比较强。如果让他们踏踏实实地做收纳，对他们来说是比较困难的。

阶段性关注训练

在亲子整理教学实践中，我们发现孩子的兴趣点、关注点并非一成不变的，也不会绝对按照上述所说的用脑类型来表现。这与孩子一段时期内的信息接收有关。我们可以利用一些测试，把当前阶段孩子心目中的关注重点呈现出来。

"放弃珍爱"游戏是利用排除法把人的内心真实想法激发出

来的一种看起来有些残忍，但相对真实准确的实验。比较著名的做法是让人在"事业、友情、健康、爱情、金钱、亲情"几个关键词中逐一排除，最终引发深度思考："一生最关注的是什么"。

帮助孩子树立正确的价值观，没必要让其进行痛苦的"放弃珍爱"游戏，但可以借鉴这种形式。假设孩子目前拥有五把不同的尺子，每把尺子有不同的意义：

第一把，充满回忆的尺子。在离开幼儿园时，孩子最喜欢的老师把这把尺子作为毕业礼物送给了他。

第二把，上面有孩子最近在追的卡通明星"小哪吒"（或者他目前最喜欢的美少女战士之类的）。有这把尺子，在小伙伴当中是很有面子的一件事。

第三把，爸爸带着他用木头一点一点地削出来的尺子。虽然这把尺子不是那么光滑好看，但他用小刀刻上了自己的名字，还有幸运符号。

第四把，这个尺子很新潮，是网上最近很火的"多功能电子数码尺"。小朋友都希望能够得到它，有这么一把尺，在同学们面前超有面子。

第五把，一把昂贵的尺子。据说是用一种特别的材质制成的，也是国外手工制作大师的作品。这样一把尺子的拥有者会显得卓尔不凡。

　　如果必须逐一放弃这五把尺子，请问孩子会怎样排序呢？

　　这五把尺子的含义分别是：

　　第一把尺子，代表情感关系。

　　第二把尺子，代表潮流、时髦。

　　第三把尺子，代表自我原创。

　　第四把尺子，代表别人的认可。

　　第五把尺子，代表金钱价值的衡量。

　　在做这个小游戏之前，其实家长可以自己先做一次这样的游戏，问问自己的内心：此刻的你最看重的是什么……

第三课

整理收纳、成果规划的
基础是想象力

我们拥有的对空间整体构思、合理规划、整体设计、
可行性方案推演的能力，通常称为"想象力"。

成年人完成整理收纳工作需要具备的能力有以下几种：

（1）规划。需要对空间、对生活的整体设计、合理规划、可行性方案推演的能力——想象力。

（2）清空。需要对居室各分区空间进行完全彻底的清理，用整体思维工作，避免陷入局部纠结，有勇气打破平衡，马上做、

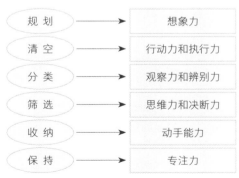

完成整理收纳，保持持续整洁，需要培养几种能力

马上改变、马上尝试、马上改正的能力。同时，还需要拥有全局观、敏捷度、进度把控能力，做到心中有数，这要求具备行动力和执行力。

（3）分类。需要在众多的物品当中找寻规律，制定整理收纳的标准，依据标准执行，把大的任务拆分、分类、梳理头绪的能力——观察力和辨别力。

（4）筛选。有质量的空间在于对物品的取舍；有态度的生活在于对事物的判断；有品质的人生在于对时间的管理。面对大量的物品、信息，以及繁华世界，能否有效管理、判断、取舍，考验的是一个人的思维力和决断力。

（5）收纳。能够打破现状去"清空"，更要有能力去"建立"。优化、还原一件事物，与自身的位置感、技巧运用、意图实现等能力，即动手能力，息息相关。

（6）保持。找到家居空间变乱的原因，要靠清醒的自我认知，了解"我家会变乱"的根本原因。同时，要有对整理这件事持续的、不间断的投入的能力，需要一种更持久的能力——专注力。

想象力、行动力和执行力、观察力和辨别力、思维力、动手能力、专注力，这六种能力的强弱，决定了人生幸福与否。

孩子在童年时代看到的、想到的、做出来的事，都是在为成年以后的工作、生活积累素材。这些素材，要经过大量生活实践的磨砺，才能幻化成不断创造的能力。

想象力训练原则

真正的想象力，必须以现实为基础。

例如，如果没有"轮子"的概念，无论一个人的想象力多么丰富，都很难有"汽车"和"行驶"的概念；如果没有天空中任意翱翔的飞鸟，人类很难形成"飞起来"的憧憬，莱特兄弟也不可能发明带着人类上天的飞机。只有与现实联系紧密的想象，才能对未来的人类生活、世界的发展起到积极正向作用。不以现实为基础的想象，等于空想。

在想象力方面，儿童远胜于成年人。

孩子最初的幻想是短暂的，这种幻想会随着他们的成长逐渐消失。成年人对孩子最好的教育应当是帮助他们走出幻想，而不是支持或鼓励他们停留在幻想里。孩子有天马行空的想象，如果一直延续这种状态，他要么是个天才，要么就是"智障"。所以，孩子在家长的引导下，把梦想拉近现实，以现实为依据，建立逻辑，逐步明确自己的思路才更有发展。

莱特兄弟受到
飞鸟的启发，
发明了飞机

想象力训练的注意事项

第一，家长回答孩子提出的问题，不可以敷衍。

儿童正处于求知欲旺盛时期，他们几乎每遇到一件事，就要问为什么。家长厌烦了，感觉孩子小对此不理解，可以随便说个答案，这种态度不可取。家长要认真对待孩子提出的每一个问题，尽可能给他们做出科学的回答。

第二，鼓励孩子发挥想象力，同时还要进一步鼓励他们说出为什么这么想。

让孩子的想象能够有根据，形成逻辑。家长在这个过程中，要做的是帮助孩子梳理思路，丰富认知储备，提升想象空间。家长总是问为什么，孩子便会逐渐形成积极想象和创造的条件反射，在"原本想到"的基础上，再进一步多想几个为什么。这样，有延伸、有落地、有逻辑的合理想象才会逐步诞生。这种能落地的想象力未来所创造的价值也更高。

第三，不拘一格，随时随地开展训练。

想象力训练不需要刻意进行，重要的是家长养成随时随地开展训练的习惯。孩子自主观察的范围一般会比较狭窄，当遇到合

家长总是问孩子为什么，能帮助孩子引发思考

适的对象（亲子双方都感兴趣的"教具"）时，家长可以引导孩子发现兴趣点，不拘一格地开发利用，拓宽知识面，为想象和创造积累素材。

想象力训练游戏

游戏 1，画家庭居室平面图。画出家中的平面图，把所有能够发亮的光源（或任何蓝色、红色的物体）一一进行标注，把它们一一连接起来。

把固定的点连成线，再由线条的连接形成面，这是激发孩子

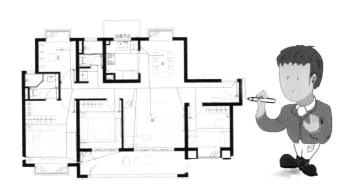

在家庭居室的平面图中，把所有电源插座用红线连接起来

想象力的特定方法。这个方法能够激发孩子的好奇心，启迪其进行相对深入的思考。

游戏 2，就地取材的"日常用品乐高"。抽屉的空间是有限的，如何把五种形状各异的物品都放进去呢？这有点儿像搭积木，考验摆放技巧和空间最大化利用能力。

例如，爸爸的工具箱大小是固定的，电钻、锤子等，怎样才能待在里面最舒服（把工具拟人化）？玩具柜的大小也是不变的，小汽车、洋娃娃、拼图、画笔、乐高等，怎样才能待在里面不难受？

游戏 3，画家中物体运动轨迹。在运动物体选择方面，可以

日常用品放在一个抽屉里，怎么摆能放下，取决于你的设计

鼓励孩子尽可能开动脑筋，这个运动的物体可以是家中的宠物猫、狗、巴西龟，水族箱里的热带鱼，也可以是地上工作的扫地机器人，或者干脆是满屋乱逛的爸爸或操持家务的奶奶。观察对象越是奇特越能激起孩子记录的兴趣。

　　游戏 4，请孩子设计喜欢的居室。邀请孩子参与整理收纳，明确孩子不是将就现有收纳空间的小工人，而是要对不合理、不

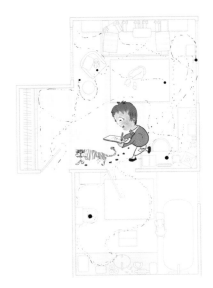

跟在宠物（动体）后面，画出它的行动轨迹图

方便的收纳空间进行改造的设计师！请孩子画出他理想中的房屋，设计出自己最喜欢的居室。

游戏 5，拍照。家长在孩子不参与的状态下，把房间的某个区域（最好是儿童房）整理好，达到温馨、整洁、物品摆放有序的状态后，邀请孩子亲自拍摄一张照片。注意，表现出该房间整洁的样子是目的，不限于一张或几张照片，重点是请（辅助）孩子亲自拍摄。然后，把这张照片打印出来，贴在醒目的位置。

游戏 6，见面分一半儿。对大一点儿的孩子，家长可以带着孩子玩"分一半儿"的游戏。大衣柜的一半儿妈妈整理，大衣柜的另一半儿孩子收拾；客厅中间画线，左边妈妈收拾，右边孩子收拾；书柜中间画线，左边妈妈收拾，右边孩子收拾……收拾得对称、有美感得奖，收拾好不规则的东西得奖。

游戏 7，做服装搭配建议人。整理衣橱时，"聘请"孩子作为服装搭配建议人，在服装的穿搭、配饰选择方面给出建议。

家长鼓励孩子关注衣物单品的款式、色彩、面料、质地，并大胆说出自己的搭配主张。这不仅能提升孩子的自信心、观察力，还能提升孩子的想象力。

游戏 8，改造收纳容器或储物空间。同样一个纸盒，改变长宽、转变方向就可以放下原本因为长度不够、宽度有余而搁置不下的物品。同样一个储藏室，采取立体集成的方式，就能够放下原本放不下的物品。这种动手改造的能力需要有充分的想象力作为前提。在孩子面前做出来，示范给孩子看。孩子会对空间改变、灵活运用手边物品有全新的认识。

盒子改造方法，
扫描上方二维码
观看视频

游戏 9，角色扮演召集令。孩子最爱的游戏之一是角色扮演。带领孩子做角色扮演游戏，可以赋予其可能的人物角色，并且给予明确的任务指令。

游戏 10，寻找家中的"机关"。对于年龄稍大、爱钻研的孩子，引导其思考：抽屉为什么能够在轨道上顺利运行，门板合页的工作原理，衣服怎么挂能不起"将军肩"等问题。重要的是需要有一个善于钻研、能够讲出道理的家长来引导。

以上 10 个游戏，可以在成年人激发孩子想象力的过程中起到有效的帮助作用。被动的教育并不能决定孩子的智力发展，更多时候，需要孩子自己去主动成长。作为家长，我们只需要做到重视、鼓励、合理引导、适当约束就好。

第四课

整理收纳顺利进行的保障是行动力和执行力

清空，需要对准备整理的空间进行完全彻底的清理，用整体思维工作，避免陷入局部纠结，有勇气打破平衡，需要马上做、马上改变、马上尝试、马上改正的能力。同时，还需要拥有全局观、敏捷度、进度把控能力，做到心中有数，这要求具备行动力和执行力。

行动力是指一个人主动思考、创造、突破，最终达成结果的能力。对儿童来说，行动力就是能够主动自觉地学习，达成其想要的结果的能力。对大多数孩子来说，这是比较难做到的。

　　执行力是指执行功能，是我们大脑里的一个执行中枢，控制着我们的所有语言和行动。3 ～ 5 岁是大脑执行功能急剧提升的重要时期。

训练行动力和执行力的原则

（1）清晰指令

　　家长总是习惯站在成年人的立场上，按成年人的理解能力去衡量儿童。要培养孩子的行动力，家长需要认识到的是：你看到的磨磨蹭蹭、没行动力，可能不是孩子故意要和你对抗，很可能

指令不清晰，孩子听不懂，结果等于 0

是孩子还没听清楚、弄明白你的指示！

　　孩子在这个阶段，接收信息的能力、理解能力没有成年人强。在生活中往往是，越喜欢催促孩子的父母越容易培养出毫无行动力的孩子。这种情况，就是心理学中所说的超限效应。

　　父母长时间反复唠叨、催促，引发了孩子一种强逆反心理。在这种长时间、高频率的催促之下，孩子感受到的是自己的思维被控制、行动被限制。孩子感觉非常委屈、憋得慌、不自在。因为力量悬殊，孩子没办法和父母正面抗衡，就只能无声地反抗，表现在以"不主动、不行动、不配合"的方式对抗。孩子通过这样的方式，来证明自己是个独立的个体、有自己的想法，并且也需要别人尊重。

训练注意事项

尊重孩子的天性。有些孩子，天生就是慢性子，喜欢慢慢来，家长要尊重孩子的习惯。例如，有一个非常重要的晚宴需要孩子一起参加，迟到非常不礼貌，父母可以留出时间给孩子做准备，这种适度包容，比干巴巴地一句"你快点儿，要迟到了"有用得多。父母的包容并不是无度的，如果孩子总是如此，那就可以让其承担一两次迟到的后果。

任何一个孩子都有自尊，不要当着很多人的面批评孩子。如果孩子敢于承认错误、敢于道歉，就要表扬，下次他就不会犯这种错了。所以，家长要做的事是：第一，引导孩子做对的事，当他做对的时候，告诉他："你这样做，真棒！"要尽量减少斥责，孩子做错了的时候，要问他，这事怎么弥补。他一旦弥补了，做对了，就要说："你真棒！"

（2）敢于放手

孩子没有执行力，问题还可能在于从小父母事无巨细地包办。

奥地利心理学家阿尔弗雷德·阿德勒（Alfred Adler）在《儿童人格教育》这本书中谈道：一个有拖延习惯的儿童，背后一定有一个事无巨细，为他整理收拾的人。

父母事无巨细地包办，表面上是为提升孩子的做事速度，实际上是对孩子的极度不信任。父母做得越多，孩子越缺乏责任感，认为这一切理所当然。等到必须让孩子动手做时，孩子要么胆小害怕、不敢担当，要么理所当然地依赖别人，表现为"能拖就拖"。

训练注意事项

尊重孩子的成长规律。有研究发现，孩子 3 岁左右，才能理解一些模糊的时间概念。7 岁左右，时间观念才能够逐渐形成。

孩子拖拖拉拉，爱玩手机、打游戏，不抓紧学习、不洗漱。明明和他说了："要晚了，要晚了……"饭还是塞在嘴里一动不动！其实出现这种情况，是因为孩子尚没有形成时间观念，不清楚"10分钟"究竟意味着多久，在"1 分钟"之内能够完成什么。

提升孩子行动力和执行力的方法，这里介绍四个提升孩子行动力和执行力切实有效的方法：

（1）**父母做榜样**。想让孩子成为什么样的人，父母先要成为什么样的人。

父母晚上不睡、早上不起，要求孩子早睡早起是不可能的事。父母明日复明日，承诺孩子的事情一拖再拖，想让孩子信守诺言、快速行动根本不现实。

（2）**表格计划约束**。首先要意识到，孩子太小，没有时间观念。在我们走进校园时看到，即便是七年级的孩子，如果没有一定的约束，想让其高度自律、遵守课堂纪律都非常难。所以，

时间计划表格需要由家长引导，孩子自主制定

我们采取迂回政策，陪着孩子一起制定生活管理表格。让孩子心里明白，什么时候需要、可以做什么事情。

操作细节　在一段时间里，孩子需要做什么，可以自己来安排。例如，每天放学回家，先做什么、后做什么、接下来做什么。这个习惯养成后，父母不用再去事无巨细地提醒孩子。在每个时间节点，可以提醒孩子："你看一看这个时间你要做什么？"，到了时间点问问："你还有哪些事情没有做？"。这个训练持之以恒，最终就会形成孩子自己安排自己的时间的习惯。孩子的行动力、自律性、逻辑思维能力，都能够通过这个过程得到提升。当然，管理表不是一成不变的，父母要在应用过程中，不断发现不适合的、需要调整的部分，和孩子一起做调整。

（3）**变催促为提醒**。把催促变成提醒。去掉情绪的干扰，把注意力聚焦在解决问题上。在这个过程中，父母教育孩子，同时也是在梳理自己，要做的是摆正心态，积极应对，帮助孩子成长。

实际操作　第一步，家长要放下手中的事情，走到孩子面前，看着他。当家长走到孩子面前，很认真地看着他时，是告诉他："你说的话是很重要的。"

第二步，一定要让孩子放下自己手中的事情，家长再开始说话，确保孩子已经准备好了听你要说什么。

第三步，一定要把要求用最简洁的话告诉孩子，并且提醒他，只说一次。如果要求过多，那么孩子就很容易烦躁。

第四步，让孩子重复家长所说的内容。因为孩子在重复时，会说自己应该做什么，大脑里也会同时出现自己所说的画面，在画面当中他就已经在做这件事情了。

第五步，当孩子重复完后，家长要站在原地，等着孩子去行动。如果孩子说完之后没有行动，家长站在原地等他，这表明家长是非常认真的。

第六步，如果孩子行动了，哪怕有一点点的行动，家长都要及时地反馈、鼓励。及时地认可他。

（4）激发孩子自身的欲望抑制惰性。孩子每向家长展现一个欲望，都是家长激发孩子行动力的好机会。家长要无条件地爱孩子，但千万不要误认为无条件的爱，就是无条件地满足孩子的要求。

根据具体情况，适当的"延迟满足"有助于孩子锻炼忍耐力。

从小到大，每次真正的进步，其实都是我内心那位最好的老师被请出来了，那位老师其实就是我自己

激发孩子自身能动力，把孩子内心那位最好的老师请出来

情景

孩子说，想要一辆山地车，你在鼓励孩子积极运动的同时，也给他提个要求："爸爸想知道你是真的打心里喜欢骑车这项运动，还是因为别的孩子有山地车，你出于攀比心，才想要一辆山地车的。"

孩子肯定说："我是真的喜欢骑车，才想要山地车的。"你说："那好，我们来做个游戏，测一下你是不是真的喜欢骑车。两种选择：第一，用一个月的时间，来证实你真的喜欢骑车。怎么检测呢？咱们家这一个月的时间，垃圾全部归你来打理。你能

045

够坚持倒一个月垃圾，说明你真的喜欢骑车，能为了得到山地车来坚持做家务。"孩子可能说一个月太长。没有讨价还价的余地，说一个月，就是一个月。

这时，你可以说："但是你还有另外一种选择：就是读一本我们推荐的课外书，注意，是一本有一定的阅读难度和知识含量的书。"

无论孩子的要求多么合理，建议你都不要无条件地满足他。

为了得到山地车，要倒一个月垃圾，孩子就此养成了主动劳动的习惯

家长需要做到有前提的满足！不能马上满足孩子，要延迟满足，有前提的满足。

另外，家长给孩子提出的要求，应该不是一个固定不变的硬性要求，需要的是一个能够提供两个以上选项的要求，给孩子选择的权利。

家长应用好以上几个教育技巧，孩子的行动力、执行力将会得到提升。

辅助训练游戏

游戏 1，老师说。 当指令前加了"老师说"这三个字时，对方要做出相应的动作。如果指令前没加"老师说"这三个字，那就不能做出相应的动作。一起来试试看：

老师说，手放鼻子上。

老师说，手摸耳朵。

老师说，双手背过去。

……把手放下来。

最后一句，看看你的孩子做对了吗？

这个游戏，在成年人看来过于简单了，但对学龄前的孩子来说，必须集中注意力，听清指令才能做到。当孩子听到"把手放下来"这个指令时，必须抑制自己听从指令"把手放下来"的惯性，在思维过程里，完成一次主动、自发的行动改变。

这个游戏反复练习，有助于低龄孩子有效提升执行力。

游戏 2，按规则找物品。类似这个游戏在上一章谈规划时提到过。这里，还要提醒一下诸位家长，此类游戏对锻炼孩子的行动力同样有效。

例如：请孩子把整个居室空间里红色（蓝色、绿色）的东西全部找到，能集合的集合，不能集合的画出来。在这个过程中，

把家里红色的东西找出来……

孩子的动手能力、记忆力、想象力，特别是行动力都能够得到锻炼。

接下来，家长可以再改变游戏规则，让孩子找出家里哪些物品是圆形、哪些物品是方形、哪些物品是三角形……这样不断改变规则，能够促使孩子的思维不断变化，进行适应性调整。这同样是在孩子的思维过程中，进行主动、自发行动改变的训练。

游戏3，木头人游戏。 80后、90后小时候都玩过木头人游戏，这里不再赘述规则，重点是要有奖有罚。

游戏4，大西瓜、小西瓜。 规则是家长说"大西瓜"时，孩子要比画一个"小西瓜"。当家长说"小西瓜"时，孩子要比画一个"大西瓜"。

游戏5，逢七必过。 逢七必过游戏源于酒令，对人的反应、算数、应变能力都是考验。规则：几人围坐，依次报数：1、2、3、4、5、6、空、8、9、10、11、12、13、空、15、16、空、18、19、20、空、22、23……

（遇到带有"7"或"7的倍数"的数字，必须跳过，以敲打一下桌子、喊一声"过"表示，看看谁做错，看看一桌围坐的人能不能数到100。）

游戏6，青蛙跳井。 游戏规则：几个人围坐，第一人说"一

木头人游戏

大西瓜、小西瓜游戏

只"；第二人说"青蛙"；第三人说"跳井"；第四人说"扑通"；第五人说"两只"；第六人说"青蛙"；第七人说"跳井"；第八人说"扑通"；第九人说：扑通……实际这个游戏两个人就能玩儿，考验的是反应速度，数到"几只青蛙"时，必须对应几声"扑通"，多了、少了、喊错了都算输。

　　游戏7，转着的鸡蛋能够立起来。一个鸡蛋，怎么才能立起来？只有在高速旋转的状态下才能立起来。可以以此教育孩子："所有漂亮的结果，都是在行动中收获的，一定要先开始行动，才会变得很漂亮。"

一个鸡蛋只有在高速旋转的状态
下才能立起来

第五课

攻克筛选难题的法宝是
观察力和辨别力

分类看起来容易，其实并不容易。如果一个人能在纷乱的物品当中找出规律，制定好整理收纳的标准，并且能够依据标准执行，还能把大的任务拆分、分类、梳理出头绪，那么他一定具备相对良好的观察力和辨别力。

在整理收纳工作过程中，工作前的统筹规划、开始阶段的不犹豫，全面清空的行动力必不可少。拆解这两项工作，我们发现想象力、行动力、执行力是整理顺利开展的基础。

接下来，动脑筋的时候到了，面对摊在开阔空间的衣物、厨具、书籍或日用品，我们如何取舍？判断物品去或留的依据是什么？舍弃、流转按什么标准分类？

真正能够做到当断则断、当舍则舍的人并不多。面对看似已经被自己拥有的物品、资源、时间、情感……能够做到留得有理、弃之有道，才能保持一个人不断发展的生命状态。作为一名整理师，我清楚做整理时的这一套逻辑判断标准，源于自己从小接受的观察力、辨别力的训练。

保留还是放弃，不仅是个深奥的哲学问题，也是每天困扰我们的"小心病"

什么是观察力和辨别力

观察力是指大脑对事物的观察，以及反应、思考并进行反馈的能力，是后天学习过程中培养起来的。在观察过程中，我们会用到眼、耳、口、鼻等感觉器官，接受声音、气味、温度、形态、体量等信息。观察的结果可能是发现不一样，这就需要与之结合的辨别力起作用。

辨别力，即一个人对事物的辨别能力，是指在观察、认知的基础上，对不同事物加以区分的能力。在整理收纳过程中，我们要应用辨别力，来达到区分物品的目的。区分的最终目的是建立更有利于生活的秩序。孩子脑海中一旦形成秩序，等其逐渐长大，外界纷繁复杂的信息袭来之时，他就没那么容易人云亦云，随波逐流了。

观察力和辨别力训练的原则

从小抓起。

由简入繁。

循序渐进。

在训练孩子观察力和辨别力的过程中，我们应该注意哪些问题呢？

（1）要尊重少年儿童的感官生长发育规律，在感官形成阶段进行相关训练。这种训练应该始于婴儿时期，并贯穿于整个成长过程的各个阶段。

（2）要把平时随机的训练与有针对性的分项训练结合起来。随时随地启发孩子观察生活、辨识物体，并在课外活动、游戏时间针对孩子的某项能力，开展训练。

娃呀，有什么心事
跟为娘说说，别总
发呆呀……

专注观察思考人生

鼓励孩子，培养孩子专注思考的习惯

（3）激发孩子本身的求知欲，为孩子创造观察、辨别的机会。
要做到这一点，家长要适当刻意营造"新鲜场景"或"新奇事物"，
来刺激孩子主动探索。同时，家长也要注意认真观察孩子的好恶，
对孩子感兴趣的事物，抓住特点、因材施教、形成优势。

训练游戏

以下是分别针对各项能力而设计的训练游戏，家长可以根据
孩子的生长发育阶段，有选择地带领孩子开展游戏：

游戏 1, 用眼锻炼游戏。 眼力是一切观察、辨别的基础。锻炼用眼能力, 从婴儿阶段就应该开始。幼儿能够拿笔画画后, 家长要逐渐引导他把下列物品逐个画出来: 衣服、碗筷、书本、玩具, 这些物品分别代表不规则形状、生活用具、文具、玩具。

低幼阶段, 家长要逐渐培养孩子在头脑中建立"大、小"的概念。

引导孩子把颜色与形状作为判断的依据, 在教具设计中, 家长可以将不同的形状设计为相同的颜色, 例如同色系的上服、裤子、袜子、衬衫, 也可以把相同的形状设计为不同的颜色。例如, 在一堆袜子里寻找最特别的那一双, 增加识别难度。

游戏 2, 对"合适"概念的建立。 杯子里倒多少水是满的? 倒多少水太少了? 倒多少水正合适? 在家居环境中, 孩子能够接触到各种各样的容器: 工具箱、百纳箱、抽屉柜、衣橱、冰箱、橱柜、碗、盘、杯、壶、瓶、盒、包……

在每次往容器里装物品的时候, 家长可以叫上孩子一起。例如, 从上幼儿园起, 家长逐渐开始带领孩子一起装书包, 这个过程就是对"合适"概念的逐步建立。

游戏3, 对分类依据的思考。 以成年人整理衣柜为例, 我们知道，对衣物的分类一般按照使用者（男主人、女主人、孩子、长辈）、季节、类型等来划分。对于孩子来说，如果完全不加干涉，他甚至可能按照和幼儿园的×××一起玩儿时穿的、小猫喜欢的、带卡通图案和不带卡通图案的……来进行衣物的分类，对于颜色辨别力正常的孩子来说，色彩鲜艳与否也是辨别分类可能考虑的一个重要因素。

游戏 4，**认识整体和局部**。带领孩子认识世界，最好是从他熟悉并喜爱的事物开始。对于小朋友来说，吃、玩是他们出于本能喜欢的事儿。家长一定要利用好食物和玩具。

多种多样的果实一旦被切开，内部的样子经常是我们忽略的，其给人不一样的感觉。带孩子把切开的水果对接到一起。这项游戏，最好在厨房里进行，让孩子仔细观察水果和蔬菜的内部结构，激发孩子的求知欲。

游戏 5，**认识物体配套**。训练孩子观察力的道具，不仅可以是动物、植物，还可以是我们的身体，这种训练可以让孩子关注人体每个部位的形状和功能。幼儿启蒙阶段，要培养孩子认识人体各部位适配的服装服饰。（手—手套、脚—鞋……）

游戏 6，**质感体会**。视觉与触觉结合起来，就形成了人类感

切开蔬菜、水果观
察内部剖面，会
发现以往很少注
意到的内部形态

知这个世界最基本的方式。触觉，是人类通过触摸获得的感觉，
是人体分布最广泛和最复杂的感觉系统。教年纪小的孩子认识这
个世界，要重视触觉训练。数据表明，进行过有针对性的触觉训
练的孩子和没有进行过这方面训练的孩子，敏感度差别非常大。
训练手的敏锐、灵活，提升手的触觉感应，会促进孩子的智力和
创造力的提升。

　　1~3岁是孩子的触觉敏感期，在这个阶段，钢铁、塑料、泥沙、木头、丝绸……完全不同的质地能给孩子带来完全不同的感受。如果家长能够让孩子刻意地感受它们，并尝试通过语言表达出来，那么对孩子的观察、辨别和表达能力都能起到锻炼作用。

　　游戏7，视觉剥夺。我们发现，盲人的触觉、听觉等感受都优于正常人。视觉判断左右着我们的认知，视觉与触觉、味觉、听觉、嗅觉相结合，形成了我们对周围事物的基本判断。如果双

体会泥土、木头、钢铁、丝绸、塑料、皮毛等的质感

眼被突然蒙上，那么人体就会被迫启动应急机制，触觉及其他感官系统的敏锐性会大大提升。所以，在训练过程中，家长可以和孩子玩蒙眼触摸的游戏，把眼睛蒙好后，单凭触觉去感知物品的质地，进而判断物品的属性。

游戏 8，触觉剥夺。 在上一个训练基础上，如果再要求孩子带上稍厚的手套（剥夺触觉），单纯从形态上区分物体，孩子会有完全不同的感受，对体积、重量、面积等概念会有全新的认识。

游戏 9，感受指纹。 敏锐的感受往往源于细致入微的感觉，观察和发现指纹的肌理是很好的体会方法。家长可以带领孩子借助五彩的印泥用手指作画，看看能够得到什么样的图案。

游戏 10，冷热感知。 让孩子帮助妈妈把刚刚从超市买回来的一大堆食品，分门别类地放进冰箱，是个绝佳的训练机会。孩子可以通过冰箱上的霜冻、雪糕的温度与燃烧的蜡烛、沸腾的水的对比，认识这些常见的冷热现象，感受温度。家长在引导孩子体会实践的同时，要注意保护孩子的安全。

游戏 11，味觉、嗅觉、听觉训练。 在五感训练中，与触觉、视觉相比，嗅觉、味觉、听觉看起来与整理收纳习惯养成关系不大，也容易被家长忽视。事实上，在儿童生长发育早期，有效地训练

先蒙上眼睛，激发触觉，再进一步戴上手套，降低触觉的感受，单纯从形态上来感受物体的大小。

先进行"剥夺视觉"训练，再戴上厚手套进行触觉训练

通过印泥、彩泥等，把指纹拓印下来进行观察

他们这几个方面的感觉同样重要。特别是在训练中，家长应该主动鼓励孩子把感受用语言表达出来。这种训练，利用日常进食的时间就非常合适。

味觉训练，蒙上孩子的眼睛，请他品尝不一样的果汁（水）。家长还可以有针对性地调制加少量醋的水、加适当苦瓜汁的水、加少许麻辣味道的汤汁，当然还要备好小朋友喜欢的甜水，让孩子尽量把味道用丰富的形容词说出来。

嗅觉训练，清晨窗台上的花香令人心旷神怡；饭前厨房里飘来的味道使人胃口大开；宝宝拉完臭臭在洗手间里要捂上鼻子；运动后脱下来的脏衣服上满是汗水味；清洗晾晒过的衣物上满是阳光的味道；妈妈的香水好闻；风油精刺鼻；厨房里的各种调料下锅时，飘出的气味可谓"五味杂陈"……对气味的敏感，可以让孩子在不同的环境下获得更多的信息，而明确地用语言表达出来，更是对其感知力、辨别力的最好锻炼。

听觉训练，先找一个安静的空间，有计划地给孩子播放声音，让孩子感受：声音大小的变化、各种音质的变化、不同类别声音的变化。在相对嘈杂的环境里，播放以上声音，让孩子尝试分辨，谈谈感受。整个训练过程，要蒙住孩子的眼睛，这不但可以训练孩子的听觉感受，还可以提高孩子对自己身体的控制能力。

　　游戏12，视觉边界与视觉想象。画过水粉画或油画的朋友都知道，无论多么美妙的透视关系，只要采用不同色系的色彩，下笔加以区分，物体之间的边界随即形成。颜色差别、远近差别、大小差别、质感差别、空间透视……都可以被清晰地描绘出来。这种分辨能力，就是建立视觉边界。在家居生活中，我们可以鼓励孩子在杂乱的衣服挂当中寻找不同的那一个；在堆满工具的工具箱内寻找特定的那一个。

　　人的生活经验不断丰富，我们的大脑可以不断补白肉眼未见的东西，而这种能力正是想象力的基础。在儿童时期，家长可以刻意训练孩子用画笔，把最喜爱的娃娃（超人玩具）的背面通过记忆和想象画出来；也可以和孩子玩意念游戏，即和孩子一起平躺在床上，分别用语言描述从卧室的床，一直走到楼下小超市，可能路过的所有物体。这种以记忆为依据的想象，非常有助于孩子刻意留心身边的事物。视觉想象，是创造力的基础。

　　锻炼孩子的观察力和辨别力，这是孩子学会整理收纳物品，懂得整理规划好人生的重要前提。

第六课

果断取舍、不断发展的动力是思维力和决断力

有质量的空间在于对物品的取舍；有态度的生活在于对事物的判断；有品质的人生在于对时间的管理。面对大量的物品、信息，以及繁华世界，能否有效管理、判断、取舍，考验的是一个人的思维力和决断力。

训练果断取舍的能力，先要解决一个问题：在现代家居生活中，我们要提倡节俭，还是追随"断、舍、离"？

　　社会经济飞速发展，新旧两种观念交织，传统思想意识不断与西方思潮发生碰撞。传统教育提倡艰苦朴素，现代消费主义理念主张不再有用的物品要坚决清理、抛弃，所谓"旧的不去，新的不来"。经常有家长朋友向笔者提问，在教育孩子的过程中，到底是继续提倡节俭，像父辈那样"新三年旧三年，缝缝补补再三年"，还是像流行的整理收纳理念所说，把那些不必要、不适合或者已经过时的东西果断舍弃，践行所谓的"断、舍、离"。

　　在物质生活水平大幅提高的今天，勤俭节约，仍然是值得弘扬的美德。无论从东方传统文化方面理解，还是在西方文明的主流价值观当中，降低个人物质要求，减少对大自然的索取，都是被推崇和提倡的。纵览千年中外历史，社会发展的某一个阶段一度出现奢靡之风，在接下来的一段时期，人类的自省精神会开始纠错。即便人不检讨自己，来自自然、社会、经济等领域的"无形力量"也会倒逼人类反思。

　　反观我们近年来经常看到的流行词汇断、舍、离。很多人望文生义，肤浅地把它理解为"扔、扔、扔"；又有些人断章取义，片面地把北欧家居风格中的简约、内敛、追求极致和去繁求简理解为把家里的东西全扔掉，直到把房子扔空……甚至有人就此上

节俭与断、舍、离整理思维的博弈

瘾，把家里扔到桌子都不剩，坐在地上吃饭，美其名曰："极简主义"……岂不知，山下英子女士提出的"断、舍、离"，是从瑜伽禅修的奥义当中体会到的一种生命状态，是断绝对物质的执着，放下生命中的执念，去追求更高层面上的灵魂自由。与不顾一切"扔东西"，喜新厌旧的浪费完全是南辕北辙的两回事。

因此，我建议各位家长，在教育孩子的过程中，不要一味地接受西方舶来的、被某些国人曲解的所谓"极简生活"，也不用被过往特定年代的思维束缚，把家中有限的空间变成旧物堆积的仓库。我们理应做自己生活的主人，根据需要和家庭实际情况制定最合适自己家庭的物品留存标准，并把这种标准以潜移默化的方式传承给孩子。

思维决定行动，解决了思想意识方面的问题，就可以明确：

收纳其实是一件非常单纯的事情，它就是认识到自己想要过什么样的生活，并且从中找到自己的物品与空间的"平衡点"，这就是我们要做的事！

注意事项

在整理收纳实操过程中，家长有目的地训练孩子的思维力、决断力，应该注意哪些问题呢？

（1）总的原则：

舍要舍得有根据，有去向，有原则。

留要留得有方法，有空间，有美感。

（2）根据自己的实际情况，决定物品的去留，以下是我给的参考建议：

第一，一年没用过。

注意：并不是说一年没有用过，就一定要扔掉，而是让你把一年没有用过当作一个提醒的信号，让你想想到底需不需要。

它好像红灯，提醒你每看到它，就要重新考量这件物品对此刻的你还有多大的作用、多大的意义。如果意义已经变得很小了，要果断扔掉。在扔掉之前，要反思一下：当初入手这件物品的时候，难道没想到过它会被闲置这么久吗？以后再入手类似的物品，是不是要多一个维度去考量？

第二，不需要。

需要，是物品被留下来的前提。让不需要的东西占据空间、耗费时间和精力去管理，本质上就是消耗生命。关于需要，要体会以下两个关键词。

当下：既不包括过去，也不包括未来。

你自己：你本人、自己，不是别人，来判断需不需要它。

第三，不舒服。

物品对于拥有者来说，有一个清楚的直觉感受。例如：

有时候是物品本身给你带来了生理上的不适感，如买的时候只注重衣服的样式和流行，忽略了穿着的舒适感或者经过一段时

我当初怎么想的？

买时很喜欢，后来才知道……

间带来的"缩水、起毛、掉色"等问题。

　　还有一些是心理上的不舒服。例如购买商品时不知道，后来才了解到商品具有不吉祥的寓意……

　　第四，不适合。

　　不适合自己的状况和条件。

不再合体的衣服要考虑果断丢弃

例如，瘦身成功或控制体重失败，都可能直接导致前一季购买的衣服不再合适。当然，这一淘汰过程前一种伴随着骄傲与成就感，后一种则应该伴随着反思和再次的立志精进。

与现在的生活形态、日常行为方式、生活场景不匹配。例如，大学时代穿着合适的衣服，尽管留有许多青春记忆，但与已在职场的你的日常穿着已有很大差别了，那就要果断地进行升级换代。

第五，不心动。

明明这个东西还可以用，如果不心动就要扔，这样会不会显得太浪费了呢？其实不然！

虽然它还没有坏，但是由于你对它已经无感，甚至麻木，那它在你的空间里存在的价值，就已经不大了。在实际生活中，只要有更能让你心动的东西，你大概就不会选择它，实际上也就是把它搁置在那里，造成了浪费。所以，可以赠送给适合的人或把它挂到二手物品拍卖网上卖掉，才是更理智的处理方法。

如果你觉得以上舍弃原则对成年人来说，都是一种挑战，那就不要一开始就对你的孩子讲述大道理。对孩子来说，养成健康的取舍物品观念，是个循序渐进的过程。

在系统培养孩子决策能力的过程中，还应该注意以下五点：

喜欢，就要勇敢表达……

表达自己的感受——喜欢就要说出来

　　第一，孩子不积极表达自己的观点，一方面是因为没有养成积极思考的习惯，另一方面是因为没有勇气表达。所以作为家长，我们首先要多多鼓励孩子勇敢进行表达。

　　第二，让孩子做选择时，不要一次性地给出太多选项。因为太宽泛的选项摆在孩子面前，孩子容易随心所欲地提要求。这种随心所欲，往往是天马行空不着边际的。例如，早上出门，你随便问孩子一句："宝贝，今天你要穿什么衣服……"结果孩子说："我要穿蜘蛛侠的衣服。"这种要求，家长本来就是没有办法满足的。得不到满足，孩子很可能就不开心了，甚至从此在幼小的心灵里，埋下了对家长不信任的种子。所以，在让孩子做选择的时候，一定要做到"可控、可实现，在合理范围内"。同样的场景，家长应该问："宝贝，今天出门咱们是穿这套蓝色的衣服，还是穿这套黑白条纹的衣服？"

第三，家长一定要坚持原则和底线。孩子尚不具备判断能力，

例如"打疫苗"这类"必须坚持原则"的事，没有商量的余地，要坚决执行

当有选择机会的时候，很多离谱的、荒谬的，甚至危险的选项都可能出现。如果由着孩子的性子来，那就真的成了"想要天上的月亮，父母都得上去摘……"

特别是一些必须做的事，如生病到医院，需要打针。这就是必须做的事情，没有商量的余地。哭得声音再大，家长也必须配合医生完成注射。这个时候，家长对孩子的问话就坚决不能是："宝贝，咱们到底还打不打针？"在不影响医生正常工作的前提下，父母可以稳定一下孩子的情绪，问他是现在让医生轻轻地打，还是等一会儿再打。当然，如果注射室在排队状态，家长此刻就不能犹豫，狠下心来按住孩子也要果断完成注射！也就是说，打针是必须做的，这是原则，是底线，不是凡事都能任性。这种观念孩子越早明白对他越好。

第四，在让孩子做选择、做决定时，不要给孩子过大的压力。毕竟，孩子不可能完全按照家长理想中的愿望进行选择，他可能会选择不太恰当的选项。在孩子做出选择之后，他可能因为自己的选择而要承担一些不尽如人意的后果。当孩子遭遇挫折时，家长也不应该指责、嘲讽他。正确的态度是在他受挫后积极帮助他，使他成长。这才是作为家长该有的姿态。

如果孩子固执己见的事情后果可以承受，家长不妨让孩子体验一下

　　另外，给孩子能够选择的机会也不要过多。现在有些家庭，家长为了体现民主与平等的态度，凡事都要征求孩子的意见。这对孩子的成长其实未必有利。过多地给予孩子选择的机会，在孩子看来可能是一种压力，家长要把握好度。

　　第五，在确保安全的前提下，可以尝试让孩子为自己的选择承担后果。例如到海边露营，出门前家长提醒过孩子需要穿防晒衣或涂抹防晒霜，结果孩子还是因为新裙子颜色好看，一意孤行地选择穿裙子去海边，结果裙子被海水弄湿弄脏，皮肤也被晒红脱皮。这样的后果，对于孩子来说，正是自己不明智的选择所带来的，家长和孩子都能承受，但孩子因此吃了亏。此时，家长不应该一味地指责、责备她当初不听话，而是应该和孩子一起分析："孩子，我们一起想想，下一次如何避免类似的事情发生。"

相关训练游戏（低幼年龄段）

　　游戏 1，数字程度概念建立。数学学习与语言学习一样，其敏感期的开端是毫无征兆的，更没有什么明确的起源，我们只能将其归结于一种儿童早期智力发育的特殊喜好（3 岁左右）。孩子经常会对形容词的具体程度产生浓厚的兴趣，例如你说很长，孩子会刨根问底，问究竟有多长。提到厚的东西，孩子就会追问究竟有多厚。一旦孩子能够把不同的事物，用精准的特定数字区分开，就会从中得到非常大的满足感，而这种对"量"建立起的概念，对他更精准地了解事物也会起到更好的作用。借助孩子这一时期的求知欲特点，我们可以建立延展出一系列相关游戏。

游戏 2，认识钟表。从孩子三岁起，逐渐教会孩子认识钟表。家长不要想着一步到位，急于求成，孩子很难马上准确地认识钟表上的时间。反复告诉、在生活中随时随地提问是解锁这项技能的关键，也可以借助一些教具来帮助孩子学习。

游戏 3，建立度量衡概念。教孩子学会用尺子测量长度，在心目中建立度量衡概念。

物体最基本的数据就是长、宽、高和重量。通过亲自测量或称重，孩子会认识到不同数字所代表的长度或重量是多少。

游戏 4，衣物分类。孩子认识数字以后，会把数字逐渐地抽象化，而不仅仅是像以前那样，只停留在具体的数字上。

在具备一定数字基础知识的前提下，家长就可以尝试带着孩子进行衣物分类和筛选。一开始，让孩子忽略同一类衣服不同花纹和颜色的区别，这是训练孩子抽象思维能力的一种方式。

游戏 5，为孩子心目中的数字，做一个原点（锚点）。小时候，我接触的第一个电话号码至今难忘，是母亲单位的座机号码。在那个年代，东北中等城市机关科室的座机电话只有五位数……

　　这不是重点，我感受比较深的是：这样一个号码，竟然经过这么多年，仍然如同融化到血液里一样，想忘都忘不掉。不光是因为这是我印象中，能够找到妈妈的一个号码，更是因为当初爸爸一句顺口溜的谐音记忆，让我对这个电话号永生难忘。爸爸说了什么呢？

　　其山是刘二……原来，我的二叔名字叫作"刘其山"，那么73462被爸爸说得入情入理。这样的记忆，估计直到我老到健忘的那一天，也不会忘掉……

　　为孩子的数字记忆设计一个锚点，可以尝试采用谐音，也可以用形象记忆、拟人记忆等。很多时候，作为家长的一句看似不经意的话，对孩子来说，就埋下了对一件事物的锚点，给他探索大千世界，提供了最初的依据。

　　例如，"像你舅舅那样又高又大的男人，一般要穿XXL号的衬衫"。XXL究竟是多大，孩子就此有了概念，他会自行思考XL和XXXL号的衣服应该给什么身材的人穿。

　　再如：告诉孩子"等你长到从我衣服上面数第三颗扣子这么高，就有1m啦。这不光给孩子一个健康成长、快快长高的期望，还给孩子建立了"1m，究竟是多高"的概念。

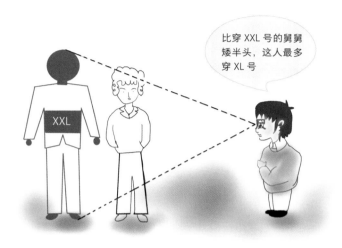

先在孩子心里"定出"舅舅有多高，他就不难想象比舅舅"小一号"的男人应该穿什么尺码的衣服了

帮妈妈去楼下小超市买 1kg 鸡蛋，如果你一个都不打碎地拿回家，妈妈就在饭后给你个小奖励……"1kg 东西"大约几个鸡蛋，这样的概念在孩子小心翼翼地拿鸡蛋回家的过程中就会产生。

伴随着孩子的不断成长，从具体的形象到抽象的符号，通过对各种概念的经验性积累，他会逐渐形成更高层次的思维力：空间概念、逻辑思维能力，进而发展出应对复杂运算的能力。家长在引导孩子进行思维力、决断力训练的过程中，要始终明确：

①　孩子的潜力只有通过锻炼才能激发。

②　现在没时间锻炼孩子，一些生活基本技能父母代劳，他迟早要学习。晚学，代价会更大。

③　家长只需要演示给孩子看，不要有压力。

玩手机时
间兑换处

第七课

建立人、物、空间新秩序的关键是专注力和动手能力

有些人天生收纳能力就强一些，这和他的"空间感、位置感"比较好有关系。此外，能否持续投入精力，最终达到预期效果，这非常考验一个人的专注力以及动手解决问题的能力。

"整理"和"收纳"是一项综合技能的前后两个部分，在完成"规（划）、清（空）、分（类）、筛（选）"的"整理"工作后，如何将仍要保留的物品合理地归位、摆放——收纳，达到物品与空间最合理的利用……，则更是考验操作者综合素养的方面。其中，持续专注力、动手能力缺一不可。

　　专注力，也就是人们常说的注意力，一般是指人专心于某一事物或活动时的心理状态。在当今这样一个信息过载，资讯爆炸的年代，分散一个人的注意力的事物比比皆是。一会儿不在身边就让人魂不守舍的手机、让人欲罢不能的抖音短视频、线上与线下不断涌到眼前的资讯轰炸……注意力早已经成为人们竞相抢夺的资源。

　　要帮助孩子从小养成集中注意力，抵抗外界干扰的能力。当

老爸, 你早上出门没带手机, 把你的手机还给你吧

手机一会儿不在身边就魂不守舍的现代人

他们面对纷繁复杂的信息, 安逸、享受的诱惑, 截然不同的价值观、思潮洗脑之时, 内心笃定, 才可能不为所动。不忘初心, 方得始终。家长有义务把这颗"初心", 以及守护初心的方法教给孩子。

家长要培养孩子动手做事的能力, 除了要创造机会, 放手让孩子去做之外，还要预见几种可能发生的情况，并准备好相应的对策，例如：

如果一开始他做得一团糟，怎么办？

如果他做一会儿不想做了，怎么办？

如果他根本不愿意动手做某件事，怎么办？

训练原则

① 适宜宽松的练习环境（家里最合适）。

② 适宜宽松的情绪环境（最大限度地容忍孩子把事情搞砸）。

③ 适宜宽松的成长环境（等一等，再等一等，等孩子的生理发育跟得上实际动作的需求）。

只有做到这些，才能够协助孩子，从周围环境中获取尽可能多的关于颜色、形状、范围、适应性方面的信息，配合他们在专注的前提下，动手做出改变，一遍遍地提高熟练程度，进而取得理想的结果。

注意事项

① 不要低估孩子的理解能力。只要孩子有兴趣，愿意专注地和家长一起做这些工作，那么家长能够理解的收纳原则，孩子同样能够理解。家长带着孩子一起理解的过程，也是对其专注力的

严格控制电子设备使用时间，有计划、有节制地给孩子使用

提升的过程，大胆和孩子一起干起来就好。

　　② 对低幼年龄段的孩子，明智的方法就是通过游戏，在娱乐过程中训练其专注力，鼓励他们多多动手，不断激发他们的创造力。

③ 对孩子使用电子产品时长进行约束，抵御电子产品对其专注力、动手能力发展的抑制。

训练游戏

训练孩子集中注意力、勤于观察、积极动手，可以通过以下三类游戏进行：

第一类，连点成线游戏。

第二类，意志、品质锻炼游戏。

第三类，多人互动语言游戏。

这三类游戏有个共同的特点，就是利用引起孩子某方面的兴趣（如颜色、形状、图案）或者引导孩子以自己的方式进行长时间的专注研究，让孩子获得相关的知识。

游戏 1，按图整理，还原。家长先把特定区域整理好，并在细节方面做好处理。拍摄一张自己做好整理的区域的照片，有条件的，打印出来，送给孩子。然后破坏，请孩子按照照片上的收纳效果进行摆放。这个过程需要孩子有很强的专注力才能完成，类似孩子们喜闻乐见的"图画找不同"游戏，可以同时锻炼孩子的眼、手协调能力。

游戏 2，衣橱调色师。孩子天生喜欢五彩缤纷的事物，激发

衣橱色彩搭配

他们控制颜色、利用颜色的欲望，不仅要求他们具备色彩感知能力，还需要眼手结合，开动脑筋。同时，一定的色彩控制常识必不可少。以衣橱服装色彩搭配为例，要想衣橱内的衣物呈现漂亮的色彩过渡，那就要遵循渐变、过渡，相近色系搭配的原则。

　　游戏 3，电源联络员。家中的电源插孔，对孩子来说往往是禁区，但在家长监管下，标识出它们所在的位置，反而能起到安全警示作用。这个游戏，就是请孩子找到家中所有的电源插孔或电器开关，并自己动手，粘贴上安全标识。在平常熟悉的环境里寻找以往被忽略的事物，是需要一定的专注力的事情。

具体实施过程，可以是家长先按自己预先了解的居室电源插孔位置，分别标注数字，然后鼓励孩子把所有标注数字全部找到，"打卡"每一处电源插孔。这相当于把数字连线游戏从平面的书本上转化到现实当中，孩子会兴奋地专注寻找。家长可以设置一些奖励来激发孩子参与游戏的热情。

家长还可以举一反三，"找出家中所有三角形物体""找出家中所有和动物有关的物体"……

游戏4，角色扮演，最优动线设计。在纸上玩迷宫游戏，往往有两种方法：一种是沿着既定路线，从出发点正向行走，寻找到达终点的路线；另外一种是从终点逆向行走，向起点进发。两种方法的目的都是"打通最优路径"。在家里，家长也可以把这类游戏搬到现实当中。例如，分别从爸爸妈妈房间的床、宝宝房间的床、爷爷奶奶房间的床出发，以房间大门为终点，计算一下哪个房间距离大门最近、哪个房间距离大门最远。另外，每个起点到终点各有几条路线（如需要绕过客厅餐桌或沙发），哪一条最近，哪一条最远。

　　动线设计，本来就是整理收纳师进行空间规划、物品陈列时需要考虑的重要因素。把"迷宫游戏"用到家里，让孩子改变角色，"扮演急匆匆上班的爸爸""行动不方便的奶奶""看不到更高物体的妹妹"等不同的家庭角色，从他们的视角出发，为家庭物

家宴座次安排

品设计摆放，要同时照顾到方便行动、拿取物品，还要考虑怎样的行动路线，最方便家庭成员出门。

游戏 5，安排亲友聚会座位，以及餐桌摆台。逢年过节亲友家庭聚餐是孩子最好的锻炼机会，时间和条件允许的话，不妨让孩子参与菜谱计划、餐桌摆台、家庭成员座位座次排列等工作。当孩子开始考虑"小姑喜欢吃青菜，因为年轻的女孩子需要保持身材""爸爸要靠近爷爷一些，他们要喝酒碰杯""二叔和二婶最好坐在一起，他们要一起照顾他们家的小宝宝吃饭"……这个过程当中，家庭亲情的认知，从全局出发办理事情的思维能力都会得到锻炼。在真正开餐的日子，看到经过自己幕后参与精心准备的宴会得以顺利开展，成就感也会驱使孩子进一步学习研究，参与家务劳动和其他有利于家庭的事务中。孩子会感知到，自己是家庭的一分子，需要为这个家庭的建设出力。

游戏 6，从家里的"跟屁虫"到找到回家的路。家里有宠物猫、狗，或者扫地机器人之类的活动物体，家长可以带领孩子，做一只专心跟着活动物体行动的"跟屁虫"。首先，用指南针（普通智能手机上都有这个设备）在居室正中间确定一下房间的朝向、方位，找到正南、正北、正东、正西分别在哪里。接下来，家长可以把方位信息交代给孩子。然后，以 3 ~ 5min 作为时限，请孩子对比指南针，记录下活动物体的行动轨迹（如向南约 4 点钟方向，停留多长时间……）

　　如果家里没有动物或者扫地机器人怎么办呢？这个问题很好解决，房间里有没有忙家务的妈妈，或者到处"闲逛"的爸爸？那就做一个非常正宗的"跟屁虫"吧。这个游戏看似简单，如果

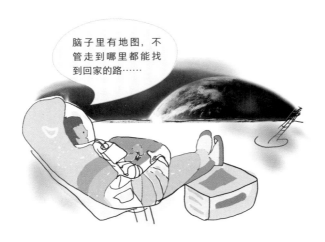

脑子里有"地图"，走到哪里都能找到回家的路

家人都能够保持快乐的心情投入其中，实施的过程将会充满欢声笑语。

　　辨析方位，清楚家里的坐标对孩子来说是给他一个认知世界的起点。在我小的时候，家人的口头禅是"河南、河北"（在我家乡城市中有一条大河穿城而过），我家住在河北面，是沿河的房子。于是，我在很小的时候，就以大河和大桥作为参照物，分清了东、南、西、北。后来来到北京读书，这座四方的城特别容易分清方位，给人明确的方向感。无论你是居住在二环里，还是远在通州、大兴、房山等区，只要心中有"坐北朝南"的天安门城楼作为参照物，东西笔直的长安街作为坐标轴，就不会迷失方向。

　　有了方向感，我们就可以更清晰地认知所在地周围的事物。等孩子在家里练熟了，家长可以陪同孩子到家附近的坐标点，然后角色互换，变成家长跟着孩子，由其做主寻找回家的路。每一次成功从陌生地点找到回家的正确路径，都是对孩子的方位感、专注力、行动能力、记忆力的一次综合训练。

　　在孩子能够理解方位的年纪，通过游戏，在他最熟悉的家里给他一个明确的方向坐标很重要。玩这个游戏的训练意义不仅在于培养孩子的专注力，还可以让孩子通过跟踪、寻回、刻意记忆练习等，逐渐梳理出自己对身边事物方位的认知，在大脑中形成一张有效记忆的地图。未来，无论孩子走到世界的哪个角落，在他的心目中，家，就在那里。有了这个概念，人生之路上的"整理与收纳"就有了更加现实的意义——有了方向，不管多远，都会找到回家的路。

第八课

与提升学习成绩有关的训练：先学会自理，再学习整理

"双减"政策将会对"10后"的一代人产生深远影响。今天的家长需要深度思考的问题是：孩子们从繁重的课业负担中解放出来，空出的时间，我们希望他们用来做什么，引导他们做什么，怎样引导他们做，才能更有利于孩子的成长，提高他们未来赢得幸福人生的概率。我的建议是：先学会自理，再多做家务。

要整理好空间，先整理好自己。

儿童接触整理收纳、生活习惯养成、劳动锻炼的程度，基础各不同。家长开始训练孩子生活自理时不要搞"一刀切"，其实不用太在意某些理论所说的"要在几岁去做某件事"。模糊具体时间节点，关注"在某一特定成长阶段（如上幼儿园以后、上小学以后、分房独立睡觉以后……），孩子能够做好某事"。

生活自理训练必须本着"循序渐进、鼓励为主、重视过程、看轻结果"的原则进行。在训练过程中，家长应做到指令明确，教给孩子具体操作方法。

教会孩子自己穿衣、脱衣、穿鞋子

训练原则　耐心、给孩子足够的时间。幼儿天生乖萌可爱，大多数宝妈在教孩子穿衣、脱衣时，能够做到有耐心、做示范，不厌其烦。

注意事项　很多孩子刚开始自己穿衣时，很难区分衣服的正反面和里外。特别是现在的童装，很多正反面都有比较丰富的图案，这些"花哨"的元素给孩子找到规律和正反面增加了难度。

具体训练　为了解决这个问题，我们可以制作一个固定的标志，帮助孩子辨认正反面。这个标志，最好是孩子喜欢或孩子认识的。例如，一个卡通胸针，或者贴纸。当然，也可以是妈妈精心绣到衣服上的孩子的名字。然后，家长只需要对孩子说一句："有标志的就是正面"，这个问题就解决了。

另外，孩子经常出现扣错扣子、拉不上拉链等情况。

一开始，家长可以先让孩子自己试穿没有扣子或拉链的衣服，提升自信心，再由易到难，教会孩子穿其他衣服。

教孩子自己脱衣服，最大的问题是多数孩子一旦要做脱衣服的动作，非常容易自然做出"从下往上"拉的动作，这样做往往是"自己与自己搏斗"，扯来扯去却怎么也没办法脱掉衣服。

教会孩子自己装书包

作为一名整理师，我女儿的书包是她班级里最整洁的，原因很简单，她有一个会整理的妈妈，并且还会教她做书包整理。

训练原则 整理书包可以运用整理收纳工作流程，即清空、分类、筛选、归位，还可以借助分科收纳袋，使书包内的物品显得分类明确、易找易拿。

第一步，把书包全部清空。

第二步，按科目分类。

第三步，拿出准备好的收纳袋，按科目分别装入有标签的收纳袋当中，再把分装好的收纳袋装入书包。

注意事项 有人评论说这样装书包不但拿取书本不方便，而

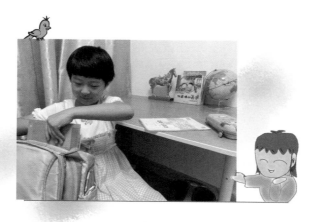

要让孩子尽早养成自己整理书包的习惯

且本来就很沉重的书包再添加这些收纳袋就更重了……

我不这么认为。试想，究竟是让物品无序地堆在一起方便拿取，还是分类明确，所见即所得，更方便拿取？更何况，现在的课本收纳袋大多采用轻质材料制作，确实非常轻便、好用。归根结底，亲子整理收纳，最重要的是要帮孩子养成"物放有序、清晰分类、用完归位"的习惯。

物品归位

训练原则 "把用完的东西放回原位"看似简单的要求，其实做不到这一点，是造成很多人家里物品乱的根本原因。家长要如何培养孩子从小养成物归原位的习惯呢？做好这一点，我们还是要回到蒙台梭利教育小教室里看看，老师如何做到让孩子自主把东西"用完归位"的。

注意事项 如果孩子不听话，家长是可以采取相对严厉的强制措施的，因为规则就是红线，必须遵守。一旦破例，规则存在的意义也就没有了。对孩子来讲，从小树立规则意识，确保不触碰红线是对他真正的爱。如果此时缺少这项教育，孩子长大以后由社会来教给他，那付出的代价将会非常大。

具体训练 在蒙台梭利教育的教室内，你会发现第一条重要的规则就是：物品有固定的地方存放。很多人认为只要物品少，就能便于整理收纳，然而蒙台梭利教室的教具、玩具、日常用品的实际数量远远多于普通幼儿园里的。在这里，之所以能够呈现出整洁、有序的状态，原因就在于这里的每一个成员都能够主动做到用完归位、物放有序。那么这里的老师是如何教孩子做到这一点呢？

规定每样教具的固定位置，每次孩子在固定的位置拿取，使用过以后，还要送回那个地方。老师要示范给孩子看。注意，这个过程是必要的，是需要在大庭广众下完成的。在每件物品固定的位置上甚至可以做一个标记。

如果发现哪个孩子没有这样做，老师一定是温和而坚定地带领孩子重新做一次。强化正确的动作，例如某个孩子把东西随处乱扔，老师会过去和他谈话。

老师："××，你做完了吗？"

孩子："做完啦！"

老师："做完了，我们要把它放到原来的地方去，你还记得它原来在哪里放着吗？"

孩子："好像是在那边的抽屉里……"

老师："哦，是的，应该是在那儿，那你现在是需要我帮忙呢？还是你自己能把它放回去？"（给选择是给余地，也是表明这件事必须做的态度）

孩子："那你帮帮我吧！"

老师："好，没问题……"

然后，老师一定要带领这个孩子，一起把正确的事情做一遍，并且在给一个孩子示范时，其他孩子看到榜样，都会学着去做。

孩子规则概念的建立，源于引导者充分肯定他做对的事情，之后，孩子就可以逐渐养成习惯。这个习惯，将会使他受益终身。

仪容仪表自我管理

训练原则　要融入社会，要集中精力做更有价值更有意义的事，就不要过分在仪容仪表方面追求标新立异来彰显自己。

注意事项　现代人的仪容仪表规范越来越趋向多元化。特别是如今很多宝爸宝妈本身是 90 后，从小在一个相对自由、崇尚个性的环境中长大，对个人形象方面不会像上几代人那样中规中矩、千篇一律。对于孩子的形象，很多年轻父母追求往"潮宝"

方面打扮，感觉"辣妈配潮宝"才够时尚、前卫。

我不反对追求个性，我在学生时代，校园里经常遇到长发飘飘的英俊男生，黑唇、蓝发标新立异的女孩，这与他们的品质好坏没关系。然而步入社会，随着年龄增长，我们逐渐成熟，认识到了"约定俗成"的个人仪表规范。

具体要求　对于少年儿童来说，个人形象仪表的基本规范要求，《弟子规》里就有：

晨必盥，兼漱口（早上起来后，一定要洗脸、刷牙、漱口）。

这是人一天神清气爽，有一个好的开始的基本保障。

冠必正，纽必结。袜与履，俱紧切（帽子一定要戴正，衣服的扣子要扣好，袜子要穿平整，鞋子的带子要系紧）。

这几条是古人对弟子仪容的起码要求，也是堂堂正正的中国人应有的风貌。所以，从小教会孩子自己扣扣子，自己穿鞋穿袜子、系鞋带这些基本自理技能，是家长的责任，也是孩子能够逐步实现生活自理的第一步。

置冠服，有定位；勿乱顿，致污秽（脱下来的衣服和帽子，要放在固定的地方，不能随便丢弃，防止衣物被弄脏）。

其实，个人物品整理收纳的理念，我们的老祖宗早就给后代儿孙把规矩定在那里了，做好这些，正是一个健康向上的中国少年应该有的样子。

书桌、学习用品整理

训练原则　整理素养与得力工具相结合。

在亲子整理教学实践中，不借助更多的整理收纳工具，是有可能做到物放有序和不易杂乱的，这需要整理者本人具备较高的整理素养和自律能力。例如，物品（书籍、生活日常用品）竖式摆放、物归原位等习惯的养成。

工欲善其事，必先利其器，要达到理想的收纳效果，添置一些收纳辅助工具是必要的。

注意事项　利用好墙壁和桌面的纵向空间是收拾好书桌上的用品的必要技术手段。家长可以给孩子添置一些必备的收纳盒或者能够"贴"在墙上、自然垂在桌边的收纳袋。

具体训练　文具等学习用品整理，可以遵循空间整理的通用步骤。

第一步，把所有文具进行集中分类：尺、铅笔、橡皮、削笔刀等都需要统一归类。

第二步，把所有不好用的笔全部挑拣出来，如很久不用已经堵死的钢笔、不出水的圆珠笔、很快就要用完的橡皮擦、总是断铅的铅笔等，直接扔掉。

第三步，精拣出适量、好用、常用的文具放入笔袋或文具盒里。

第四步，把抽屉空间用自制的隔板进行分割。

第五步，把笔、绘图尺、常用工具、铅笔刀、橡皮、修正液等分类分隔存放。

第六步，根据个人习惯，调整每样物品的位置。常用文具，数量就控制在可供消耗一个月左右为宜，千万不要过多地囤积物品。

玩具、体育用品整理

训练原则　"整理一小时，弄乱一秒钟"，家里玩具多，就得面对这样的尴尬。

在儿童发育的特定时期，占有欲是会持续"作怪"的，让他放弃自己的东西实在是一件难度很大的事情。有些家长违背孩子的心理发育规律，一味地要求孩子与小伙伴分享玩具，结果往往适得其反。

体育用品多的家庭，可以购买一个专门的体育用品置物架。

把球类、羽毛球拍、乒乓球拍、圈类、哑铃类、高尔夫球杆等综合放置在一个置物架上，远胜于把它们堆放在角落或在屋子里乱滚。如果体育用品数量不是很多，就可以考虑买几个上墙的置物架，把球类或其他物品摆到上面。

充分利用纵向空间永远是优于额外添置收纳容器的选择。

注意事项　对孩子在特定时期的比较强烈的物质占有欲望，家长要采取一些技巧，如判断确实不再适合孩子年龄段的玩具，就可以把它们先藏起来。对大多数孩子来说，注意力很快会被更

先把玩具藏起来，过段时间孩子就忘了

多的信息填满，原本很在意的玩具，很快就会忘掉。这个时候再送人或扔掉，孩子就不会闹脾气。

对于玩具收纳箱，我有几点建议：

① 首要考虑安全，收纳箱不要有尖角。高层收纳抽屉要不容易掉落，以免砸到小朋友。

② 不推荐透明收纳箱，看起来可以一目了然，实际体验还是会显得比较乱。

③ 摆放要遵循大玩具放下面，小玩具放上面；常用的放下面，不常用的放上面（常用的要好找好拿）的原则。

具体训练　收纳玩具分以下几步：

① 规定玩玩具区域。限定孩子只能在特定的区域玩玩具，如果能给孩子提供一个大的收纳箱或者是垫子，就有效地分隔出了玩玩具区域和非玩玩具区域。这可以有效避免玩具丢失，特别是恼人的小件玩具丢失导致到处乱找。一旦固定的玩玩具区域确定下来，家人照看孩子也变得有明确的地点，会比较省心。

接着就是收纳玩具的实践了：首先把玩具全部搬走，加一个收纳柜，用来存放各种玩具。这个收纳柜当中摆放着各种收纳盒，用于玩具分类。

② 分类。玩具可以分为：经常爱玩的、有些损坏还会玩的、准备扔掉或送人的。

③ 选用带盖子的收纳盒。孩子看不见某件玩具，可能想不起来拿它玩，一旦玩具被看到，他一般都会好奇，想拿出来玩儿。然而，他们对因好奇而抓过来的玩具，往往也就有一分钟的热情。玩上一会儿，就跑开了，或者丢到一边了。这就导致很快出现满地玩具，又是一个等待家长收拾的乱摊子。所以，家长应该选用带有盖子的收纳盒来收纳玩具，尽量不要让玩具露出来。"眼不见心静"，在对待玩具这件事上，家长还是要尽可能做到宽容和糊涂，才不至于每天因为玩具生气。

④ 通过收纳标签让孩子顺带学习。用标签机给物品打标签其实很方便，家长可以用收纳师常用的小型标签机打出标签，在收纳箱外面按内容物贴上标签。例如，刻意打出英文的标签，再搭配上图形。在收纳盒上，可以贴上与玩具对应的英语和图片，这样可以把单词和实物联系起来，在玩耍中渗透学习。

带着孩子一起整理玩具、体育用品，和他一起拆装新买来的整理用品，这个过程可以提升孩子的自主意识、物权意识。

书籍整理

训练原则　书柜是一个可以很乱，也可以很整齐的地方。无论多么高大整齐的书柜，都不如一个爱阅读的主人可爱。

注意事项　书籍整理最大的误区是陷入局部和不会分类，要避免收拾着书本，突然发现一本自己感兴趣的书，就开始阅读，必须按照"清空、分类、筛选、收纳"的步骤。

具体训练

① 先把要整理的书籍全部清空出来（切记，在原位上一本一本地整理，最容易拿起一本就开始看，很容易消耗掉宝贵时间）。

② 把书籍放到开阔地进行分类，把同样类目的书籍分好。

③ 筛选出不再需要、不打算再看、想要送人或淘汰的书籍。

④ 分门别类地安放，决定淘汰的用收纳袋装好准备处理，要收回书橱的就重新码放妥当。成套书籍摆放在一起，再按照高矮、颜色码放在书柜中。单本的书籍，可以考虑类目、开本大小、薄厚等综合因素进行放置。

⑤ 调整陈列，做到从大到小、分门别类、外沿齐平。

收拾整理课内书本，是小学一年级学生最初进行分类整理的基本应会项目。为便于孩子做书籍分类，家长要在家中开辟出一处专门放当日不用课本、物品的区域。每次孩子整理书包，就是以这个地方作为根据地，结合目前学校推荐的科目分类袋，把每一科的书本整齐地放入对应的收纳袋。这样，书本、试卷不怕折角，书包可以做到整整齐齐。

这件事，带着孩子做一遍，以后就要求他自己做就好。他也应该自己做好。

学会自己叠被子，整理床铺

训练原则　在孩子上幼儿园阶段，家长和老师就可以开始教孩子自己整理床铺和叠被子。上小学后，有条件的家庭就应该让

6 点说收拾书柜
9 点还没开始……
平时不爱读书呀

明明计划整理书柜，结果看上一本喜欢的书就开始阅读，却忘了整理

孩子自己单独睡一个房间了。给他准备合适的被子，教会他自己叠被、自己收拾床铺。

注意事项　整理床铺是孩子自理能力训练的关键一课，要让他养成自己叠被的习惯，意识到自己要尽早学会生活基本技能。上小学后，在校午休的孩子也要学会自己叠被子，在这个过程中，孩子们不仅要学会常规叠放被褥的方法，还要根据校园被褥存储空间大小，学会节省空间的叠放方法，如竖立摆放法。

具体训练　常规的被子叠法，可以总结成这样一首儿歌：

小被子，有长边、有短边、拎着长边对中间，点点头抬个脚，再把被子对折好。

整理床铺的内容一般包括：

① 铺；② 套；③ 叠；④ 放 4 个步骤。

第一步：铺。

A. 要做到床铺平整，床单边角折压于被褥下。

B. 褥子平展。

C. 被子的拉链尽量不要外露，可以铺在被子下方或置于侧面。

第二步：套。

A. 被子枕头弄平整。

B. 展开被套，不得触碰地面。

C. 打开被套口将被芯塞入被套口。

D. 拉上拉链。

E. 套枕套，四角充实。

第三步：叠。

A. 被子折叠后要大小适宜。

B. 被子折叠后要棱角分明。

C. 折叠被子过程中，被子不能触碰地面。

第四步：放。

A. 将被子放在床头中间，与床铺保持平行，开口朝向床尾。

B. 使用床扫刷子，使床铺干净、平整，所有床铺摆放统一、美观。

C. 把床扫刷子归位。

个人时间管理表制定

训练原则　没有天生的自律。特别是在儿童早期教育阶段，能否给孩子养成良好的时间管理习惯，和家长能不能从自身做起息息相关。

注意事项　养成良好习惯，不要停留在口头上。建议各位家长和孩子一起商量，制定一张真正能够贯彻执行的日常作息时间表，从小把有效的时间管理这件事落到实处。

下图是我和女儿一起制定的寒假时间计划表示例。

当我们共同确认了内容，并一起完成制作以后，一直坚持执行。逐渐地，她已经不再需要每天看这个表格。这张表，已经刻在了她的脑海里：

一项习惯的养成通常需要一段时间，家长帮助孩子建立良好习惯的过程则需要不间断地持续提醒、以身作则、督促、纠错，有时候甚至要有一定的强制措施介入。很多时候，家长温和而坚定的执行态度是帮助孩子度过"得过且过"这道心理门槛的关键！

以上9条，是从生活自理方面，对小学低年级孩子提出的要求。家长可以根据自己的家庭情况、孩子的实际情况，酌情做出调整。在儿童学习整理收纳早期，陪伴、耐心、坚持是决定教学有成果的重要因素，而自理，又是参与家务，整理收纳的基础保障。多留一些时间和耐心给孩子，这对他的成长，对家长的后半生，都有好处。

寒假时间计划表示例

第九课

与提升生存能力
有关的训练：掌握技能，
做自己的主人

小学三年级左右直至青春期以前这个阶段，是孩子从儿童向翩翩少年过渡的时间段。这个阶段，孩子脱离了幼年的童稚，尚没有青春期生理发育和心理成长带来的困扰，可塑性很强。在这段时间里，无论孩子以前干没干过家务，适当分配一些家务给他是必要的。很多时候，"怕孩子做不好"，正是孩子"一直做不好"的原因。

少年时期，人的行动能力已经基本发育完善，手脑配合默契度进一步提升。如果孩子本身天资不错，或在幼年期、童年期接受过如本书前面介绍的能力启蒙训练，那么此时他完全可以像成年人一样，学习一些整理收纳的实操技能。

在自我管理方面，家长要进一步提出一些与"礼仪、理念、社会道德规范"相关的习惯养成科目。在这一阶段，应该着力培养孩子的社会融合性。同时，家长要对孩子自我管理提出新的要求，在时间管理、自主空间整理、个人财务管理启蒙等方面，要通过不断给孩子"实践"的机会，锻炼、激发孩子的进取心，把"孩子内心深处那位最好的老师"请出来。

为此，我以"必会科目"的形式，罗列以下十条对少年进行自理、整理、家务劳动训练的科目。家长可以针对家中孩子的具体情况，带孩子进行逐一通关训练。

简单的衣物折叠

T 恤衫、裤子、裙子、卫衣、外衣、衬衣。

训练原则　学会折叠各类衣物，做到自己的衣橱（衣柜）自己能够整理。

各类衣服叠法，
扫描上方二维码
观看视频

注意事项　遵循"能挂不叠原则"，注意要为合理收纳而折叠衣物，而不是为了折叠衣物而折叠衣物。

具体折叠方法

鞋子的洗刷

训练原则　学会洗刷布鞋、球鞋。

注意事项　独立完成洗刷过程，能做到自己的鞋自己洗刷干净。

具体洗刷方法

① 首先准备一盆干净水，把脏鞋放入水中浸湿，等鞋完全浸透。

刷鞋的具体步骤

② 往水里倒入洗衣粉，用手搅拌一下，再把鞋放进水里浸泡。

③ 10 分钟后，把鞋拿出来，用刷子把鞋刷一遍，然后用清水把鞋冲洗干净，这样鞋就刷好了。

皮鞋保养

中小学每学年开学，以及周一升旗仪式等重要场合，常常需要穿皮鞋。家长要教会孩子自己打理皮鞋，这不仅能学会一项劳动技能，还能提升孩子的仪式感。

训练原则　学会给皮鞋打鞋油。

注意事项　独立做皮鞋清洁、打油、保养，做到自己的皮鞋自己保养，并能帮助家长保养皮鞋。

具体保养方法

① 先除灰尘：用柔软的抹布，把鞋子表面的灰尘擦去，可以用湿一点儿的抹布，也可以用湿巾擦一下。

② 选鞋油：无色的液体鞋油，适用所有颜色的鞋子。一般来说，有明确色彩的鞋油保养和覆盖瑕疵的能力都更强一些。选错鞋油颜色的话，涂在鞋子上就不漂亮了。所以，这里建议选择与要擦的鞋子颜色相同或相近的鞋油，最好准确对应。

③ 涂抹鞋油：先沾一点儿鞋油在鞋子的表面，之后用鞋油刷或干抹布把鞋油涂抹均匀。

④ 刷鞋油：用刷子把涂抹在鞋子表面的鞋油再刷一下，使鞋油均匀地分布在鞋子表面，然后用软布快速擦皮鞋表面使之光亮。

餐具摆放

训练原则　根据用餐人员（家人、朋友）、用餐场合（家宴、到朋友家做客）、用餐类型（中餐、西餐）等具体分析。

注意事项　告诉孩子餐具摆放规矩，同时提醒孩子注意用餐人员的身份、关系。

具体训练

① 中餐：用餐座次要分宾主，同时要考虑到用餐人员的关系、长幼等因素。在此基础上，骨碟一般可以顺时针依次摆放。

摆骨碟时，将餐具码好放在垫好餐巾的托盘内，左手端托盘，右手摆放，从正主人席位开始，按照顺时针方向依次摆放。

筷子一般应放在筷架上，布置整齐两侧对等。

中餐餐具的筷架应放在骨碟的右侧，注意图案摆正，筷子露出餐碟部分两侧相等。

摆放细节：公筷、公共器皿布置到位。

餐具摆放还有一些细节不容忽视，公用碟、公用勺、公用筷应放置在正、副主人席的正前方。牙签桶应摆在公用碟的右侧。

聚餐的酒具摆放，酒杯花纹要正对客人。

摆酒具时，葡萄酒杯应正对骨碟中心，葡萄酒杯底边距勺垫

1cm。白酒杯摆在葡萄酒杯的右侧，距离 1cm。酒具的花纹要正对客人，摆放时拿杯座，不能拿杯口，避免沾染指纹。

② 西餐：摆放西餐餐具时，无论什么摆台都要遵守：垫盘需要摆在正中，盘前横匙，叉左刀右，先外后里，刀尖向上，刀口朝盘，主食靠左，饮具在右。一些专用餐具，以及烟缸和调料瓶等，可视需要酌情放置。酒杯的数目和种类应根据上酒的品种而定，通常是从左至右起依次放置烈性酒杯、葡萄酒杯、香槟酒杯、啤酒杯。

餐桌礼仪

一个人的修养，通过他的吃相就看出来了。餐桌礼仪看似与整理收纳关系不大，其实恰恰体现的是一个人的内在，彰显的是一个人的家教。

训练原则　礼多人不怪。

注意事项　从小抓起，言传身教。

具体训练

① 入座礼仪。客人先行入座，其后请主人家长者入座，一般是坐在客人旁边，以示尊敬重视。主宾入座后，宾主可依次入座。

小朋友在餐桌上的表现，最能体现出他成长的环境、家教的状况

　　入座时，要从椅子左边进入。入座坐定后，不能擅自动筷子，更不能弄出什么特别的响声来，如非必要，也不要再起身走动。如果有事，先要向主人打招呼（正对门口的为上座，一般是根据对方的身份地位来安排的）。

　　② 进餐礼仪。先请客人中年长者动筷子。夹菜时每次少量，

离自己远的菜就尽量少吃一些。

吃饭时，应该避免发出声音。喝汤时，不仅不能发出声音，还要用汤匙一小口一小口地喝，不要把碗端到嘴边喝。如果汤比较热，可以等凉了以后再喝，不要一边吹一边喝。

有些人吃饭喜欢使劲咀嚼比较干脆的食物，发出很响亮的声音，这种做法不合礼仪要求，特别是在和很多人一起吃饭时，更要尽量防止出现这种现象。

③ 异响处理。进餐时，要约束自己不要发出"异响"。如果出现打喷嚏等不由自主的声响时，要及时道歉，如说一句："真不好意思""对不起""请原谅"，以示歉意。

④ 让菜礼仪。要给客人或长辈布菜，最好用公筷，也可以把距离客人或长辈远的菜肴送到他们面前。按中华民族的风俗习惯，菜是一个一个往上端的，如果同桌有尊长、客人的话，每当上来一个新菜时，要先请他们动筷品尝，以表示对他们的重视。

⑤ 残渣处理。吃到鱼头、鱼刺、骨头等物时，不要往外面吐，更不能往地上扔，要慢慢用手拿到自己的碟子里，或放在紧靠自己餐桌边或放在事先准备好的纸上。

⑥ 餐桌交流。餐桌上，宾主彼此交流非常重要，轻松幽默的

话题能调和气氛。小孩子不要喧哗或过分表现自己，也不要只低着头吃饭，不管别人，更不要只顾大吃自己喜欢的菜肴，不顾别人的感受。

⑦ 口腔清理。用餐结束后，最好不要当着众人的面，在餐桌上剔牙。如果要剔牙，要用餐巾或手挡住自己的嘴巴。

⑧ 谢礼回请。用餐完毕离席时，应该向主人表示感谢，或者趁这个时间，表达邀请主人以后到自己家做客的意愿，即回请邀约，礼尚往来。

餐具清洗常识

一提到孩子做家务，很多人首先想到的就是"帮妈妈刷碗"。这项每天都要做的日常家务，要教会孩子做，家长需要一套标准流程。

训练原则　遵循标准流程。

注意事项　持之以恒，定好规矩，形成规律。

例如，规定每天家里谁吃饭最慢谁刷碗，或者每周二、四、六孩子要帮助家长刷碗。家里有两个孩子的可以排好"值日"，两个孩子轮流做。

锻炼孩子饭后洗碗

即使家里有洗碗机，"收碗、归位、摆放"也是每天必做的，要训练孩子按步骤流程规范实施。

具体训练

人工手洗餐具包括三个步骤。

一洗：首先要把餐具上的残留汁液等物质洗掉，放入水池中。

二刷：使用钢丝球或洗碗布等清洁用具把餐具刷洗干净。

三冲：使用清水，把用过洗涤剂的餐具冲干净，冲洗至没有泡沫为止。

书柜整理收纳

孩子写作业经常走神，原因有很多，其中之一是书柜太乱了！杂乱的视觉信息是孩子集中精力的大敌！所以，想让孩子集中注意力，先整理好家里的书柜很关键。

训练原则 严格按步骤进行，集中精力不分心。

整理书柜一般分三步：

第一步，把整个书柜清空，再把家里各个角落的书集中起来。

第二步，筛选、分类，同类书籍集中放置，过期杂志等毫无保留价值的书刊，马上扔掉，这能帮助孩子把有限的精力用在更有意义的知识上。

第三步，陈列：把分好类的书放回书架。

注意事项

这里首先要注意以下六点：

① 摆放书，一定要按使用频率，方便拿取的区域放置最常用的书籍。

② 所有的书都要立式摆放，这样拿一本，就不会把其他的翻乱。

③ 方向一致，按从高到低或从低到高的顺序摆放，这样看起来才整齐。

④ 外沿齐平，前端对齐，轻轻拍平。

⑤ 书前面和上面不要堆杂物，书柜就只装书。

⑥ 分类时，时刻提醒孩子，避免陷入书的内容里，一旦开始阅读，经常会耗掉大量的时间。

温故而知新是好事，但要时刻提醒和培养孩子：珍惜时间，专注做好眼前的事。

简单衣物手洗技能

训练原则　洗衣机已经普及，但作为基本劳动技能，手洗衣物技能必须让孩子学会。

袜子、普通衬衫、背心、内裤、短裤等，用手洗更方便。

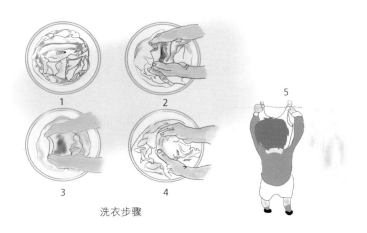

洗衣步骤

注意事项 一次技能教学，要结合有规律的系统训练，形成习惯，并持之以恒。

具体训练

一般简单的手洗衣物过程是浸泡衣服、搓洗领袖、搓洗重点污垢和整体搓洗，分离出脏污后，再用清水洗两遍，沥干水晾干就行，各个环节要领如下：

① 浸泡衣服。衣服放入洗衣盆中，撒上洗衣粉或洗衣液，加

清水淹没衣物，浸泡 20min 左右。

　　② 领袖搓洗。衣服最容易脏污的地方就是领口和袖口。衣服浸泡之后，我们可以戴上橡胶手套，拿起衣服从衣领和衣袖处开始搓洗，衣领、衣袖的污垢可以用衣领净进行处理。

　　③ 污垢搓洗。搓完衣领、衣袖以后，可以搓洗衣服上明显的污渍，可以反复多次搓洗，直到污垢洗掉，这期间也可以加入洗衣粉对污垢重点搓洗。

　　④ 剩余部分搓洗。对于没有明显污渍的部分，可以采取用手抓取衣服顶部，然后互相摩擦或者用搓衣板搓洗的方式，从头到尾洗一遍。

　　⑤ 洗净晾干。衣服全部区域搓洗完成后，就可以倒掉有洗衣粉的污水，重新接清水，再搓洗两遍，把衣物漂洗干净，然后拧干水分，有条件的也可以借助洗衣机脱水，然后进行晾晒。

玩具"断、舍、离"

训练原则　孩子现在拥有的玩具，肯定要经历一个不断放弃的过程。家长应该刻意训练孩子，借此让孩子明白人的一生也是一个逐渐放弃不太需要的、最终留下最珍贵的东西的过程。

注意事项　家长应该引导孩子珍视物品，给特别的玩具赋予意义，妥善保存。对于那些没有特别意义又不太喜欢的东西（如买衣服、赠送的礼物、去快餐店消费时商家的赠品），也要教导孩子，礼貌收下，妥善安置，尽量不留。

孩子真正喜欢的玩具，放在他目光所及之处一个或两个收纳篮里，就可以了。他们会因此对玩具变得更感兴趣、更加专注，这是在培养真正的专注力。

具体训练

辅助孩子丢掉已经不喜欢、不适合的玩具，整理好留下来的玩具。家长可以先给孩子提供一个可移动的收纳箱，让他可以用5min左右把玩具收纳整理归位。

四种需要清理的玩具：

① 已经坏了的玩具。孩子真正喜欢的可以修好保留，如果不是，坏了就扔掉，无论大小、新旧。

② 不利于儿童成长发展的玩具。幼儿时期玩的玩具，已经不再适合孩子玩耍，请及时清理。定期清理孩子不再适合，不再喜欢的玩具，就像清理旧衣服一样，不要无限期地"存"着它们。

③ 呆板单一、容易损坏的玩具。贴纸、机械功能玩具、电动车、

塑料机器人、魔法棒……这些容易损坏的玩具，第一不方便保存，第二不会提升孩子的想象力和动手能力，堆积起来还不如断、舍、离。

④ 有潜在危险或攻击性的玩具。有些亲友送给孩子一些时下流行的玩具，如奥特曼、仿真武器，或者类似"尖叫鸡"之类有着嘈杂声音令人生厌的玩具。此外，玩具市场充斥着很多便宜，甚至劣质的塑胶玩具。这些玩具对孩子的成长一点儿好处都没有，家长要谨慎选择。

爱玩玩具是孩子的天性，然而孩子真正最好的玩具是大自然。如果家长能够抽出时间，放下工作，抛开忙碌，放松身心，陪伴孩子走进自然，那么大自然就是孩子最好的玩具。

年度服装购置预算表制定

训练原则　培养理财观念，可以从制定年度服装添置预算表做起。因为衣服是孩子尚没有完全步入社会，开展经济生活之前，能够接触到不多的"为自己所用"的必需品。

学生以学习为主。小学生在校期间多数时间穿校服，其实需要穿便装的时间很少。然而儿童生长发育速度比较快，适当地在节日、换季时间添置一些衣物是必要的，得体的衣着也能促进孩子自尊、自爱、自信。

注意事项 做服装购置预算时要根据家庭实际经济状况、青少年成长客观需要制订切实可行的计划，全面考虑身高增长、运动、社交需求、季节变化等客观因素，还要处理好亲友馈赠、新款式诱惑等问题。

具体训练

① 计数。让孩子清楚自己究竟有多少件衣服，是帮孩子制订购衣计划的第一步。家长需要和孩子一起，统计现有衣物。

② 分类。把不再喜欢，即将变小，可能淘汰的衣物分拣出来，明确流转、淘汰的方式。

③ 编号。确定要留下的衣服，要做到同类编号。例如，短衬衫 1 号、2 号、3 号；运动服裤子 1 号、2 号、3 号；公主裙 1 号、2 号……当孩子发现自己所有衣服都被编制了号码后，衣橱里有几件上衣、几条裤子、几条裙子就已做到心中有数了。

④ 预估。明年每个季度（学期），孩子需要各类衣物大约多少件。

⑤ 明确。计划出一定时间段预计需要新增各类衣物多少件，

计划预算控制在多少钱以内，如何分配。

⑥ 严格。按既定计划执行。亲子共同制定这样一份服装购置预算表的好处很快会凸显出来。

孩子不再被动地接受"妈妈认为我需要"的衣物，开始对"添置"（收入）、"淘汰"（支出）的概念有感觉。衣服需要在有不适合的、空缺了的时候再买新的，的确不适合的要果断淘汰。家长也能有效杜绝以"为了孩子"的名义发生的冲动消费，养成量入为出的好习惯。

第十课

与提升生活品质有关的训练：融洽环境与人的关系，做好时间管理

劳动，是让人避免陷入不良情绪的一剂良药。希望孩子顺利度过青春敏感期，让他们学会自我整理，提升整理收纳技能是非常有效的办法。除此之外，美学素养的提升、空间规划与收纳能力的提高、生活经验的积累、物品取舍的决断力、有效管理时间的能力都决定了一个人未来人生的幸福指数。

孩子进入青春期，家长应该如何引导他们顺利成长呢？相关研究表明，劳动是促使人身心健康发展的重要因素之一。这个阶段的孩子，已经完全可以像大人一样，接受整理收纳师的培训，把自己的个人空间乃至家里的各个空间整理得井然有序了。

训练原则　平等交流、鼓励参与、理性反思、积极沟通、指引方向。

注意事项　首先，在交流时应该改要求、命令的口气为商量的口气，平等地与孩子对话，要把孩子当作自己的同事或朋友对待。其次，要给孩子参与家中事务的机会。小到洗碗、做饭，大到决断家中遇到的问题，都要尊重、征求孩子的意见。即使做家长的能够解决，在决断大事时，是不是与孩子商量，这对孩子来说非常重要。另外，家长应该善于从孩子对待事物的态度中，反思自己教育过程中的问题。很多时候，家长不让孩子干活，他就

亲子平等交流,尊重孩子,
换来孩子的"自尊自重"

理所当然地不干活。家长不尊重孩子，孩子就会把不尊重还回来。

　　有了家长与孩子平等沟通交流的氛围，亲子之间就可能培养出共同爱好。例如，家长想减少孩子玩手机游戏的时间，可以先像朋友一样，请教孩子游戏有什么好玩的，试着和他一起玩几局。然后，制定规则，和孩子约定时间，做好时间管理。一旦建立起了信任，孩子的青春期就有了家长在一边保驾护航。

　　最后，请时刻注意孩子身上的优点，并不断表扬，特别是当着众人的面表扬。例如，某件事体现出孩子的善良、负责，家长要明确表现出为孩子的表现骄傲。如果家长当着众人的面表扬孩子待人诚恳，那么他就明确了自己的方向，以后他会更诚恳地待人。

具体训练

（1）**衣橱整理**。衣橱整理是职业整理师的基本必会项目。我们制定出了易理家衣橱整理五步法，即：

规划（Plan）、清空（Empty）、分类（Classify）、筛选（Choose）、收纳（Locate），形成了衣橱整理的完整流程。

① 规划是在衣橱整理之前。我们首先要考虑的是如何对衣橱空间布局进行理想状态的规划。在规划前，整理者需要考虑以下几个问题：

A. 使用者是谁？

B. 衣服的数量有多少？

C. 衣服的款式有哪些？

D. 目前的衣橱空间布局是否合理？

E. 衣柜的款式是什么样的？

教孩子进行整理，重要的是教会他们站在不同的角度去分析问题。

例如，整理自己的衣柜，统计出一共有 10 件上衣、8 条裤子，各类短裤、衬衫若干。只有这样几件衣裤的衣橱，预计比到妈妈的房间，整理一个有各种职业套装、长裙、薄厚换季衣服的综合衣橱要简单得多。

家长要帮助孩子，在头脑中形成对衣物总体数量和未来理想悬挂状态的全面认知。

② 清空物品。果断清空物品是整理收纳得以顺利进行的重要保障。在此前的整理素养锻炼一节中，对儿童期如何锻炼出果断行动的整理思维已经有较多篇幅的阐述，这里我们要了解在实际操作中，需要注意的事项：

第一条，清空前在空旷处铺好垫子。

第二条，清空时进行衣架分类。

第三条，清空后对衣柜进行简单擦拭。

③ 分类。按类别、所属人等因素，把清出的衣物进行有序分类，要求做到清晰、明确。

分类的目的是便于接下来进行收纳实操，因此必须做到一目了然。确保这一点的前提是在比较开阔的地方进行分类工作，每一个类目不能有模糊的中间地带，避免后面做取舍时越翻越乱。

④ 筛选。衣橱整理过程中最"烧脑"的环节是筛选。能在一堆衣物当中做出明智的判断，决定一件衣物的去留，是取舍能力良好的体现。扔掉东西一时爽快，需要时再购置，无形当中造成

了二次浪费。所以，要做好筛选工作，这种能力有赖于对儿童基本素质的培养。

⑤ 收纳。经过筛选，留下来的东西重新收纳，要做到一目了然，进而要求衣橱内整齐美观、搭配合理、方便拿取。这需要家长有针对性地培养孩子的另外一种收纳能力——色彩修养。

（2）衣物穿搭配色、款式搭配原则。衣服色彩搭配需要的是一点儿感觉。我们提供一些比较安全不犯错的颜色搭配。

穿衣色彩搭配要素参考：

红色可配黑色、白色、米色、灰色、黑灰色。

黄色可配黑色、白色、蓝色、紫色、咖啡色。

蓝色可配金色、白色、银色、粉色、浅绿色、橙色。

绿色可配黑色、白色、米色、暗紫色、灰褐色、灰棕色。

橘色可配黑色、白色、米色、蓝色、黑灰色。

粉色可配灰色、白色、红色、米色、深绿色。

紫色可配黑色、白色、灰色、蓝色、浅粉色。

墨绿色可配黑色、白色、紫色、杏黄色、蓝绿色。

浅蓝色可配白色、粉色、浅紫色、粉蓝色、浅灰色。

咖啡色可配黑色、白色、米色、砖红色。

衣物配色原则参考图

深紫色可配黑色、白色、蓝色。

黑白色可以百搭，配什么颜色都不会犯错。

就服装的款式搭配而言，如果想要搭出不同凡响的效果，需要不断尝试。但款式搭配一般遵循以下规律：

脖子短宜穿 V 领衫，脖子长可以穿高领衫。

腿粗不穿裙装，腿细不穿阔腿裤。

肩宽宜穿收肩上衣，肩窄宜穿带松紧的大袖子。

手臂粗就穿宽松袖、泡泡袖的上衣。

臀部如果宽大宜上衣过臀，臀部较窄宜宽松裙子或裤子。

腰细宜穿紧身衣，腰粗要穿宽松衣。

（3）客厅、书房、卧室等分区整理实践。

① 客厅。现在流行的客厅设计往往预留大量隐藏空间，内嵌柜子、合理的空间进深、符合人体工学的放或挂区或设置是有效收纳的必要前提。

客厅收纳需要划分区域。例如，休息区、展示区、收纳区、儿童专属区、家用电器区域等。

茶几是一个可挖掘收纳空间的地方，带抽屉的茶几、下层可放收纳篮的茶几都可以装大量的东西。

边几是利用零散空间的好东西，挂靠沙发的小工具可以收纳杂志、书籍、遥控器、零食等，多层置物的边几可以大幅提升收纳空间容量。还有置物架、边柜、电视墙等。总之，收纳空间的多少决定了收纳最终效果的好坏。

家长带领孩子一起收纳客厅，可以引导孩子考虑立体空间的运用，和孩子共同思考，什么东西适合收纳到隐藏空间，什么东西适合露在外面给人欣赏。

② 书房。带着孩子做书房整理时，一方面要按书籍类别、开本大小、使用频率等进行有效分类。另一方面要提醒孩子做书籍整理过程中做好时间管理，不可陷入细节，影响进度。

专注力的培养需要家长在实践过程中不断提醒孩子。例如，孩子一旦出现被书籍吸引，不愿再做书房整理的情况，家长应当和他商量，把感兴趣的书籍统一放到一边，并另外约定时间进行阅读。而且在这个过程中，要提醒孩子思考，原本就是家中的藏书，为什么没收拾书房时，想不起来阅读，是不是要养成定期整理书房或精简图书的习惯，并且可以陪孩子一起制订计划。

书籍整理同样可以按照规、清、分、筛、收的流程进行，筛选出不再需要的书籍，通过妥善的渠道转赠、处理。

书房整理除了书架外，还有桌面整理的部分。桌面整理的原则是能藏不露，必要裸露在桌面上的物体要做到物放有序。桌边如果能够使用几个文具收纳盒，将会大大提升收纳效果。

③ 卧室。关于叠被子、铺床方面的知识，在前面的章节已经讲过。竖式摆放、收纳盒、隔板的利用、床下空间的利用都有利于腾出更多空间做收纳，只要掌握好拿、好收的原则，就可以随意发挥，最大限度地利用好卧室的收纳空间。

带孩子整理卧室，家长要让他想一想私密空间与公共空间的区别，让其了解君子慎独的境界，告诉他即使在放松的空间，也要提高修养，放松不等于放纵。

（4）食物存储常识（冰箱收纳）。冰箱储存食物怎么才能不串味儿？

分区、隔离、装袋是保持食物新鲜的秘诀。

抽屉式（带抽拉扣手）的收纳盒远比加盖式的收纳盒方便实用，方便拿取。

计算好冰箱的内部空间，去掉不必要的层板，加抽屉式收纳盒可以大大提升冰箱的收纳空间。

自动滚落的可乐架、与密封收纳袋结合的吊挂式收纳架、抽拉式鸡蛋保鲜盒等都能够大幅提升使用冰箱的幸福感。这些"收纳神器"的配备一定要建立在之前准确测量尺寸的基础上。

冰箱收纳方法，
扫描上方二维码
观看视频

无霜电冰箱，冷冻室最好采用抽屉＋收纳盒并用的方式。收纳盒推荐使用带软硅胶盖子的品类，这样冷冻肉类、冰冻海鲜和冷饮能最大限度地减少彼此串味的概率。

职业收纳师经常使用的打标签机价格不高又实用，在每一种食物外收纳盒上贴好标签，好看好找，非常省心。

大号整理盒放冷冻面食（包子、饺子）、小号整理盒放葱、姜、蒜，分工不同，效果各异。家长教给孩子认真对待生活，生活也会在未来给他温柔以待。

（5）物品取舍判断标准的制定。能够判断物品对当下的自己是否适合是非常重要的能力。很多人一生被不确定是否需要的物品包围着，很多事物对他来说都可有可无。要想改变人生，要想改变环境，肯放弃一些有价值的"垃圾"，才可能赢得更好的生活。

前文介绍了易理家对现代家庭物品是否舍弃的一个判断标准：

一年没用过、不需要、不舒服、不适合、不心动。

成年人做物品取舍，可以参考以上标准。家长带孩子一起做整理，应该建议孩子根据自己的判断，设置适合自己的标准。家长需要帮孩子考虑他长得快，"过一段时间这件衣服还适不适合"的问题。

（6）常见物品淘汰、流转。闲置资源，如果一直闲置，就会变成废物。那么"闲着也是闲着"可以拿出去交换。易货是最简单的使物品产生价值的方式。用闲置的衣服、书籍等物品换回对当下生活有价值的物品。这种意识，家长要传递给孩子。注意，我们不倡导把自己不想要的东西强行送给亲朋好友，这无益于友情的增长，更容易使朋友左右为难。目前，网上有"闲鱼"等多种闲置物品交易网站。合理利用它们，能够取得很好的流转效果。

我每搬到一个地方，业主群是必进的。业主群里通常会衍生出附近小区的二手闲置物品交易群，邻里之间互通有无，这是非常有效的二手物品流转方式。

鼓励孩子以物易物，在社区跳蚤市场上售卖物品是非常好的财商锻炼机会。

（7）提升收纳美学素养，拓展眼界。空间陈列追求高境界，不止于收纳或展示更多的物品。真正的陈列需要上升到美学的高度，需要有节奏的变化。这一点，和音乐非常相似。

空间多元化，如果有一本书说能够告诉你空间陈列技巧的公式，那么作者一定是个只会空谈的设计师。每一样器物的增、减都需要考虑它与原本器物之间的关联性。例如，我钟爱黑胡桃色，仔细揣摩，它内含色彩的丰富性，可以包容空间内诸如陶器、沉木、灰瓦般的墙体等。再比如材质的搭配，在大面积的哑光中间，点缀色彩丰富鲜艳的琉璃器皿，再辅以和谐的光源，让光有穿透感。不同时代，美学、器物可以融合，要看空间缔造者的眼界、修养和实践能力。

拓展孩子的眼界，有条件的家长让他们看到更好的陈列非常重要。所以，在假日里，家长应该尽可能多地带孩子去美术馆、展览馆、高级会展现场、艺术陈列厅、画廊、现代科技馆以及如大疆、华为等现代科技企业的公开展示中心等地，开阔眼界，陶冶情操。

（8）时间管理表格：反思、完善。在孩子初入小学阶段，制定完整的时间管理表格。如果能够坚持下来，那么到了中学阶段，有规律的生活应该已经成了孩子的习惯。

然而，成长伴随着新问题的不断出现，真正能够坚持做好时

创造机会多带孩子到博物馆等展示空间开阔眼界

间管理，根除拖延症的孩子还是比较少的。到了初中阶段，课业压力又在不断增加，青春期生理发育快速迅猛，社交、锻炼、爱好、娱乐、休息……如何分配时间，如何有针对性地帮助孩子做好时间管理调整，是摆在家长面前的新课题。

我们建议家长引导孩子阶段性微调时间管理表格，养成自我约束、自我提问、自我反思的习惯。

例如，初中新学期，孩子由于加入了一个社团，每天的家庭作业也有所增加。经过和孩子商量，我们建议孩子把原定的 10 点上床睡觉调整到 10：30，在中午增加 20 分钟的午休时间。这样的调整是为了更高效地进行学习和处理社团工作。接下来就要

习惯，对孩子来说就是"身体里有个时间表"约束自己

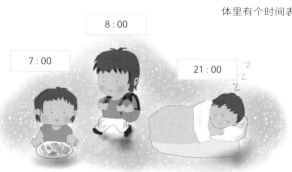

实践一段时间，看一看这样调整之后，孩子是否感到精力充沛。

　　人对自己的了解需要一个过程，青春年少时，由于身体各项技能正处于生长发育的旺盛期，往往对熬夜、过度消耗等不利于身体健康的行为耐受力比较强，也很容易受到外界的诱惑，出现贪晚、生活作息不规律的情况。

　　解决之道说起来简单，做起来还是比较难的。家长首先要以身作则，在既定的时间按既定的计划办事，不拖延、不熬夜、放下手机、说到做到。

第十一课

与最初独立面对社会有关的训练: 做计划、装行李、睡好觉、不生病

孩子长大离开家,去追寻属于自己的人生。家长能送给他最好的礼物,就是在送他出门前,教会他尽可能全面的生活本领,包括但不限于生活自理能力、整理技能……

以下几项技能决定了孩子在刚刚开始独立生活阶段能否比较快地适应、能否不断自我调整、提升效率、回应变化，逐步进入健康生活、高效工作、终身学习的幸福人生模式。

出行计划制订

在家千日好，出门一时难。孩子第一次出远门，儿行千里母担忧，光担心不能解决问题，要教他做好出行计划。

训练原则　根据出行距离和使用交通工具等的情况，制定的时间管理表可繁可简。以大学入学新生报到为例，出行计划的制订，应该由家长协助孩子完成，锻炼他独立自主安排行程中的每一件事的能力。

注意事项　家长只能提建议、做引导，对不完善、考虑不周全的计划进行补充，不可以代孩子做计划。

具体训练　出行计划的制订应包括以下项目。

时间：什么时间开始准备、什么时间出发、第一段交通路上所需时间是多久、到机场（车站）换票及安检通关时间大概多久、旅途时间多长、抵达时间预估……

地点：出发地、途径地、目的地。

参与人：孩子单独前往或与谁同行。接送人员有哪些。

事项：行程要处理的事项。

目的：最终抵达目的地，所要达成的行程目标。

所需物品：支持行程所需箱包、钱票、装箱清单。

交通工具：车、船、飞机。

住宿：中途住宿、目的地住宿。

所需费用：旅程所需费用预算。

行程时间管理，见下表。

行李箱装箱技术

训练原则　孩子外出求学、工作，出门前的一项重要工作是给行李装箱。选择多大的行李箱，取决于他要去的时长、物品的多少。

行程时间管理表

时间段	事项	耗时	需要物品	所处空间 （交通工具）	备注
出行前	收纳行李	3 小时		家中	
出发当日	前往机场	1 小时	全部行李	私家车	
出发当日	办理登机手续	30 分钟	相关证件	机场	
出发当日	安检、通关、候机	30 分钟		机场	
出发当日	登机、起飞	20 分钟	手持行李	机场、航班上	
出发当日	飞行途中	4 小时		航班上	
抵达当日	下飞机、搭出租车	40 分钟		出租车	
抵达当日	办理宾馆入住	30 分钟		此前订好的宾馆	
报到当日	前往学校报到	当日上午	相关证件、 行李等	学校	

注：不少 App 都有行程表制定功能，我们可以直接下载使用。

注意事项　这里介绍的方法，适用于衣物数量比较多，避免太多折痕，需要运输多件衣服，并且中途不必开箱拿取的旅行。如果是日常出差，方便到宾馆拿取衣物，那还是采取衣物"竖立式"叠法，使箱内衣物一目了然，方便拿取。

具体训练

步骤一：先找到行李箱有拉杆的一边，把不怕皱的衣服用衣物卷式折叠法将凹槽填平，然后把怕皱的衣服一件一件平铺在箱子里，这样就不会弄皱衣服，用厚重的衣服盖在上面，进行固定和保护。

行李箱装箱方法，扫描上方二维码观看视频

步骤二：衣服以外的物品放在箱子另一侧，内衣、数据线、化妆品、护肤品、药品和首饰分类放在小收纳包里。

步骤三：帽子和包包放收纳包里，防止变形。鞋子采用单只收纳，交叉侧放在收纳袋里，能够防止变形。

上面介绍的这种方法叫：平铺法，是行李箱收纳当中最能装（容纳衣物最多）的一种方法。根据每个孩子的不同情况，还可以采用"M法"或其他方法，把衣物竖直叠放在行李箱内。这样更方便在旅途中抽取、寻找衣物。

宿舍床铺空间整理及必备床上用品列举

训练原则　最大限度地利用好私人空间。

注意事项　在不占用公共资源的前提下，尽可能打造出充分的私人活动空间、储物空间。

集体宿舍大部分是上下铺，不少专门为宿舍床铺量身打造的收纳用品可以大大提升收纳效率，并且也非常漂亮！

具体训练　用素色墙纸把墙面遮住，也便于后面高效利用竖直空间。墙纸视品质而定，普通的约 13 元 / 卷。

购买可以充分利用纵向空间的洞洞板，多个拼接在一起，可以轻松获得比较理想的收纳效果。常用书籍、日历、摆件等都可以安放在架起的平面空间内。这种可置物洞洞板，约 32 元 / 组。

用强力挂钩挂住实用与美观兼得的铁艺网格，一下子就可以得到好几个能装的收纳篮子。水杯、充电器、书籍、日常养护用的瓶瓶罐罐一下子有了安身之地。这个最多 18 元一套搞定。

铁管的传统床铺床头或床边位置空间要挂上床边挂篮，就可以把随手常用的书籍、笔记本电脑等放在里面。这个 10 元就能买到。

要想维护空间的私密性，遮光窗帘不能少，30 元就可以买到。

兼顾照明与美观的球形灯串，可以给宿舍改造添上点睛之笔。

在这样温馨的小空间里，学习、休息都可以，但一定少不了要有一个方便的折叠桌，这个也花不了多少钱，利用率很高。

常用药品认识及收纳常识

训练原则　认识药品、学会收纳整理药品。分类原则：按使用人员分为：儿童、成人；按类别分为：内服、外用、保健品、急救药等。

注意事项　药品具有特殊性，一旦受潮、污染或遗失就会给使用者造成麻烦，建议住宿舍的孩子入手一个单独的药品收纳箱，分类清晰、方便携带，有利于药品保存。

理财初步和财务危机防范

训练原则　明确总量，明确营收、支出平衡点。

扫码付款的时候，孩子好像总会觉得妈妈的手里有花不完的钱。虚拟货币的普及，其实不利于孩子对金钱的数量形成概念。因此，从小培养孩子管理零花钱，尽可能给他的零用钱设置"收支平衡"限度，并且让他切实感受"透支"和没钱花的后果，对他日后理财观念的形成会起到积极作用。

注意事项　家长要留意孩子在外独立生活时，信用卡，包括

向危险的校园信贷
等坚决说"不"

"花呗"在内的各种网络借贷工具的使用情况。对校园贷，以及某些针对学生的金融骗局要保持高度警惕。离家前，郑重提醒孩子远离这些危险！很多悲剧的形成，最初就是从孩子"零花钱不够用"打开的缺口。做家长的，一定要在孩子人身独立而经济尚未独立的时候，把好理财教育这一关，从某种意义上来说，这是更重要的一种"整理收纳"。

方便理财的各类 App：

独立出门求学的孩子，提前学会用手机记账很重要。除了微信本身自带的记账功能外，还有几款 App 进行理财记账非常好用。明确每月的花销，控制支出是财务独立的第一步。孩子尚未离开家时，教会他记账，让他做自己金钱的主人：

松鼠 App：这款 App 比较适合没有记账习惯的人初步尝试理财。正常记账可以选择分类输入金额，并且还可以语音记账，方便快捷。记账完成，还可以收集"松果"，兑换礼品。

鲨鱼 App：这个 App 除了可以记账外，实时显示收入和支出。还有"防剁手"功能，显示余额越来越少，就可能有助于孩子控制花钱的欲望，同样可以进行转发分享。

随手记 App：这个比较适合投资理财达人用。如果孩子有学习投资的要求，可以尝试，里面有"攒钱账本"，理财赚的、亏的，都可以直接记录。一眼就能看出自己的资产配置究竟合不合理。可以添加旅游、装修、家庭等多种账本类别。

独立时间管理完善

案例

以下是我认识的一位清华大学本科生的日常在校时间表：

7：00 — 7：30 起床上课。

8：00 — 16：55 上课、自习。

17：05 — 18：40 研修第二学位。

19：00 — 22：00 上课、自习、课外活动。

清华本科课程分为上午、下午、晚上一共六大节，几乎占满学生在校期间的所有整块时间。即便在这样高强度的学习日程中，有能力的学生还可以去修第二学位，并且看起来还过得非常潇洒。

以下是该生读博士期间和在美留学期间的作息时间表：

读博期间

9：00 起床去实验室。

9：30 — 17：00 学习、科研。

17：00 — 19：00 运动。

19：00 — 21：00 健身、社交。

21：00 — 23：00 学习、科研。

00：00 睡觉。

留学期间

8：30 起床。

9：00 — 18：00 科研。

18：00 — 21：00 健身、舞蹈课。

21：00 — 23：00 继续科研。

00：00 睡觉。

环境，是塑造人最有效的因素。当一些同龄人还沉浸在青春迷茫当中之时，是什么支撑一名学生在如此高强度的学习工作过程中，能够兼顾学习生活与自我提升，有条不紊地完成学业的呢？这就是学霸的核心竞争力了。

高效利用时间，心无旁骛地做好手头的事，保持对当下工作的专注是一种长期锻炼养成的素质。养成习惯，受益终身。

这里介绍一个高效时间管理的实用技术：

训练原则　目标明确，以终为始，任务分段，逐个解决。

注意事项　21 天养成一个习惯，在此过程中，需要一定的外力监督，刻意练习。

具体训练　每天早起或睡前，用 5min 梳理一天的待办事项，按照重要、紧急程度划分出待办事项的优先级别，排序为：

第一，既紧急又重要。

第二，重要但不紧急。

第三，紧急但不重要。

重要

第二象限
重要但不紧急

第一象限
既紧急又重要

不紧急

紧急

第四象限
既不重要也不紧急

第三象限
紧急但不重要

不重要

四象限法时间管理图

第四，既不重要也不紧急。

然后把自己的可支配时间，按照顺序依次处理。

在更长时间维度上，可以坚持把年度计划按照同样方式分级处理。在心中构建出事件处理顺序，一个阶段，只安置一个最主要目标。这个时间管理表格需要具备一定的统筹计划能力，建议家长帮助孩子一起制定该计划表。

成长进度自我管理

训练原则　时间管理的本质不是在管理时间，而是实现人本身的精力最优化分配。即使是天才，让他同时在多个项目上都能够取得成绩是不现实的。所以，在独立生活阶段，学会取舍、分清主次、精准发力就显得尤为重要。如果有一些事情眼下无法解决，那么可以把它交给时间。在不同阶段做不同的事，才能实现螺旋式的成长上升。这就是世界公认的最简单有效的时间管理思路：埃维利时间管理法则。

注意事项　如果你的桌面很乱，手机消息不断，一上网找资料注意力就被网页、短视频平台上的"口水新闻"、娱乐八卦短视频吸引过去，那么从现在起，请开始锻炼自己并影响孩子做好对电子设备的"一米警戒"，就是在你专注工作时，请把手机拿到距离你 1m 远的地方。这样，不至于错过重要的消息，又能够避免忍不住去翻阅社交、娱乐信息。

教育专家提出，当今社会，要毁掉一个孩子，只要给他一部手机就够了。过度使用电子设备、沉迷网络已经严重影响了新一代学生的深度研究能力。可以确定的是，电子设备，特别是类似抖音、快手等短视频工具，的确是分块谋杀时间的利器。因此，家长要教育孩子，尽量减少使用电子设备。一些人认为，未来就是这样的"显示屏时代"，家长不应制止孩子使用电子设备、我认为这是不负责任的做法，电子设备可以用，但如何用、用多长时间，要约束孩子，并帮助他们养成习惯。

实际训练建议　大学 4 年时间，建议孩子做如下的规划。

大一，体验各类学生组织活动，开阔视野，长见识，拓宽度。

大二、大三，专攻学习、比赛，逐渐减少学生社团活动消耗的时间，增加知识结构的厚度。

大四，实习、健身、社交，为走出校门做准备。

阅读效率提升技巧

训练原则　阅读效率提升对一个人的意义就是高效进步，是投入成本最低、收获最大的行为。

注意事项　整理一个衣橱，如果"推着做，赶着来"，势必陷入磨洋工、抓不住重点、整完白整、费时费力。读书是同样道理，当今社会知识爆炸、信息过载，如果没有养成有效阅读的习惯，学习效果就很难保证。长此以往，同龄人之间就拉开了距离。

如何快速阅读一本书？

具体训练

① 带着问题去读书。

　　假设现在让你闭上眼睛，问你现在所在的空间有多少圆形的物体。你大概很难脱口而出，也没有什么思路。现在再睁开眼睛，看一下周围，数一数周围有多少圆形物体。再闭上眼，这次问你：周围有多少圆形物体。是不是就简单多了？道理非常简单，就是因为第二次闭眼时，脑海里已经有了"找圆形物体"这样一个明确的目的。

　　在学习当中，无论是语文还是英语的阅读理解题目，如果顺着题目的顺序"赶着做"，很多时候会陷入这样的局面：读一篇上千字的文章，开始以为自己差不多读完了，了解意思了，结果去做完第一题，突然发现，自己什么也没记住。因为此前的阅读是盲目的，没有带着问题去阅读，掌握知识的效率自然不高。

　　② 反复看目录。

　　有时候，我们阅读并没有明确的目的，就是随便翻翻看。但如果局限在这种程度的阅读，那么吸收的内容也就不会太多。

　　真正对自己负责任的阅读是快速翻看目录，然后先泛读一遍梗概（每页给自己限时 5s 读完），自己给自己提问：我为什么读这本书？我要解决哪些问题？这本书主要讲的是什么事？我是不是能够从这本书里找到想要的答案？这就要求我们在读这本书的过程中，不断回顾开卷的初衷，重新审视标题、前言、目录、每个章节的关键词。再根据关键词进到内容，再一次进行扫描式阅读，寻找问题的答案。重点关注斜体字、大黑体字、图标和诠释内容信息的图片。不断问自己：这一章作者到底说了什么？这一章和上一章、下一章有什么联系？接下来用 4 色便签记录下读书内容、原则、原理、知识重点。记住，一张纸只记一句话。整本书读完，按颜色分类的大纲骨架就展现在你面前了。这一步，也可以用画思维导图的方式完成。

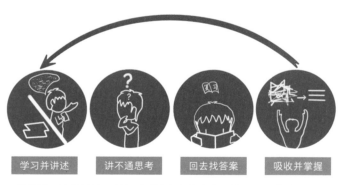

学习并讲述　　讲不通思考　　回去找答案　　吸收并掌握

费曼学习法的关键，是把听到的内容变成自己的话，再讲给别人听

③ 复盘，复述出来。

找身边人做听众，把自己读过的内容讲出来。如果能够讲出来，就说明你已经对这本书的内容有了一定程度的了解，并且自己能够梳理出知识脉络了。根据听者的反馈，查缺补漏，再回到书里去寻找你自己还不明白的盲区，逐一攻克。这就是享誉世界的：理查德·费曼学习法。

④ 跳过水货内容。

其实，当今时代，纸质书的内容品质并不是真正能够达到本本精品的程度。所以，作为读者要清醒地意识到，并不是所有书中的内容都值得认真阅读，有选择地看、看自己需要的就够了。

⑤ 不迷信"权威"。

有时候我们会发现，很多领域名声在外的所谓"权威"的著作往往读起来比较生涩难懂。反而是在一些记者、专栏作家甚至是企业营销部门人员笔下，能够得到接地气、读得懂的有用信息。这不奇怪，因为行业专家、教授习惯的写作方式是论文，需要秉承严谨的学术思考、结构缜密的论文框架，要有理论、有依据。所以，我们要有充分的主观能动性，抓住重点，才能有的放矢地解决要解决的问题。

带着问题打开书，解决问题是重点，剩下的内容，可以有空再去翻看。

⑥ 学习知识，未必一定要"读"书。

当今时代，只要主观上想学习进步，很多种方式可以成全我们。找一种最适合此刻的学习方式，保持心情愉快，不必拘泥于一定要去"读"书。例如，听书、看网课等，只要真正有收获就好。比不读书更可怕的是失去了对成长进步的兴趣，没有任何研究证明听书、看视频（娱乐消遣、被动观看内容除外）得到的知识比纸质书阅读差。"有效阅读，深度思考"形式未必是最重要的，找到适合你的，才是最好的。尽一切可能营造一个良好的阅读环境，养成读书习惯才是真正享受阅读的开始。

反哺亲情的整理收纳

整理收纳能力养成是个从小到大的培养过程。孩子长大以后，有机会回到长辈（一般指祖父母辈）家，可以利用假期时间，帮助有心无力或已经习惯了"凑合"生活的爷爷、奶奶、姥姥、姥爷或者爸爸、妈妈收拾家。作为亲情交流的一种方式，做整理收纳有着特别的意义。在征得老人同意的前提下，帮老人收拾一次房间，能够增进感情。

训练原则　大多数老人有保留物品、爱惜物品不愿意轻易丢弃的习惯，而且到了一定的年纪，难免积攒出很多有纪念意义的东西。收拾长辈的房间，需要尽可能地腾出收纳空间，可以尝试用立体置物架配合百纳箱、大白盒等盛装物品。如果空间条件允许，还可以添置抽屉式透明收纳箱，分门别类地放置物品。

注意事项　给老人收拾房间能不能劝他们做"断、舍、离"呢？

坦率地说，很难。但作为负责任的晚辈，这件事还是一定要做的。我母亲曾经在自己妈妈家柜子里翻到过 1960 年的报纸、在冰箱冷冻层发现过期一两年的冻肉卷、看到箱子里被老鼠或虫子啃成絮状的被褥……这些东西放在老人房子里，无疑对身体健康会产生不良影响。

帮老人做"断、舍、离"，方法技巧非常重要。另外，无论在衣柜里放置推拉抽屉盒，还是在床头柜、衣帽间、杂物间做隐蔽收纳空间，都要考虑上了年纪的人弯腰、上高都不方便。一般老人都不想给子女添麻烦，所以尽可能把常用物品放置在他们伸手即得的位置。开启箱体、寻找物品的收纳工具，有能让老人一个动作完成的，就不要选择更麻烦的。

一般老人记忆力不好，分门别类储存好的物品，要用他们最容易接受的方法做好标记（打标签、做颜色区分、贴物品小照片）。

具体训练

对于家里的老人，我们首先要真诚表达接纳，认同他们的情感。"认同"他们那些"破家值万贯""早晚都能用"的观点。毕竟，顺从也是孝道的一部分，亲情比争个是非对错更重要。

我们要让老人做"断、舍、离"，先要从自己开始，给自己

老话说，破家值万贯，所以东西能用，别轻易扔

帮老人收拾屋子时，需要耐心听老人唠老理儿，取得信任后再行动

有支配权的物品做好"断、舍、离"，努力把自己的区域先收拾得焕然一新。让老人家看到前后明显的对比。逐渐地，他们的内心会起变化。

潜移默化、和风细雨地把做了"断、舍、离"之后的感悟、好处告诉他们，逐渐让他们参与进来。多给他们一点儿时间，要清楚不可能是一两句话，就能让老人一辈子的生活习惯、价值观有根本的转变。

在行动方面，要采取"软硬兼施"的策略，对于可能影响老人身体健康的过期药品、保健品、老旧贴身被褥、衣物等，要坚决清除出去。对于众多老人舍不得、离不了的纪念品、旧衣物，我们需要视具体情况而定。是开辟缓冲区，先放置一段时间，然后再让老人取舍？还是开辟立体收纳空间，尽可能尊重他们的意愿进行收纳安置。这都由同老人家沟通的技巧高不高明、家中收纳空间实际大小而定。

还记得小时候，你不会系纽扣时妈妈是怎么耐心地教你吗？

如今，我们变成了整理收纳的主角儿，请给长辈足够的耐心与宽容。这个过程是在整理空间，也是在融洽亲情、尽孝、整理人生。

后记　培养幸福的一代人

单纯学习整理收纳技能就能够杜绝拖延症，提高孩子的学习力，进而让他迎来幸福的人生吗？

不会的。

所以这本书，并不只是教整理收纳的技术手册。

正如你在文中了解到的，我们身上很多问题，和原生家庭中长辈当年出于爱，却受限于认知的种种教养误区有关；孩子能够从小自立，养成整理习惯，根本上不在于教给他怎样的技巧，而在于家长是否懂得运用技巧，开发孩子的想象力、行动力、执行力、观察力、辨别力、思维力和专注力。

接着，我们通过游戏寓教于乐，带孩子锻炼了规划能力、整理实践能力、自律保持能力。之后描写了从幼儿到少年，进而到青春期，最后离家独立，再回归原生家庭，用自己的整理收纳能力，回馈老人，圆融人生。

这套分步骤的训练课程，完成的是一个不拖延、有行动、能自理、会整理的人的教育培养流程。

这在当今是那么必要、迫切、恰逢其时。

就在书稿酝酿写作的这段时间，我7岁的女儿刚刚从"水深火热"的一年级里走出来。回首过去几年，我们全家为了孩子能够适应"双减"前的教育体系，换了一个城市居住，被迫围着孩子转……

我们夫妻因为工作原因，带着孩子在国外上的幼儿园，那会儿我家孩子和全幼儿园各种肤色的小朋友们打成一片，经常被老师表扬想法独特、表现欲强、语言能力强……而回国这两年，亲身领教了国内一线城市"鸡娃"教育之"惨烈"的我们，也不得不向环境妥协，甚至在这一点上经常怀疑，当初回国创业的初衷究竟正不正确。

就在我们如愿转学，准备迎战听说竞争更加激烈的新学校二年级时，"双减"政策（《关于进一步减轻义务教育阶段学生作业负担和校外培训负担的意见》）落地。在这所知名度比较高的新小学里，孩子上一天课回到家，连书面作业都没有……

久违的笑容又回到女儿脸上。

学区房改革、升学政策改革，以及立竿见影地影响到我们的"双减"政策似一套凌厉的组合拳，招招击中当前教育问题的本质。

校外培训的本质是什么？

不客气地说，就是揠苗助长。孩子们严重内卷，家长们心力交瘁。为了升学率，老师同样很累。

可这些孩子就算成绩不错考上了大学，毕业以后如果自主能力不够强大，多半会趋同社会普遍认知，去找一份稳定、安逸的工作。然而，当今时代，唯一不变的可能就是不断变化本身。不具备主动学习、整理反思、归纳迭代等实力，又何来稳定与安逸？

　　2500 多年前，孔子等古圣先贤早把在神州华夏这片土地上，老师该怎么教书、弟子该如何学习这件事清楚地写入经典里。这份初心，我们是时候该记起来了。

　　那么，从海量作业中解脱出来的孩子，亟须一套系统的成长学习指南，劳动、自理、整理收纳本来就应该在这个过程中扮演重要角色，这才是他们成为幸福的人的基本保障。

　　新学期开学前夕，我女儿新学校的校长找到了我这个做整理收纳师的学生家长，探讨把整理收纳课程带进校园。如果你也感受到了我国教育正在发生的变化，那么顺势而为，我们先按这套方法行动起来，和孩子一起动手做整理吧。

整理师　刘　楠

于武汉—烟台飞行途中

2021 年 9 月 13 日